제 3 우 주 론

제3우주론

발행일   2023년 7월 12일

지은이   신동완
펴낸이   손형국
펴낸곳   (주)북랩
편집인   선일영   편집   정두철, 윤용민, 배진용, 김부경, 김다빈
디자인   이현수, 김민하, 김영주, 안유경, 신혜림   제작   박기성, 구성우, 변성주, 배상진
마케팅   김회란, 박진관
출판등록   2004. 12. 1(제2012-000051호)
주소   서울특별시 금천구 가산디지털 1로 168, 우림라이온스밸리 B동 B113~114호, C동 B101호
홈페이지   www.book.co.kr
전화번호   (02)2026-5777   팩스   (02)3159-9637

ISBN   979-11-6836-984-9   03100 (종이책)   979-11-6836-985-6   05100 (전자책)

(주)북랩 성공출판의 파트너

북랩 홈페이지와 패밀리 사이트에서 다양한 출판 솔루션을 만나 보세요!

홈페이지 book.co.kr   •   **블로그** blog.naver.com/essaybook   •   **출판문의** book@book.co.kr

작가 연락처 문의 ▸ ask.book.co.kr

작가 연락처는 개인정보이므로 북랩에서 알려드릴 수 없습니다.

우주와 생명과 인간을 바라보는 새로운 시각

제3우주론

신동완 지음

우주와 우리 인간의 관계를 파헤치며,
열정적으로 삶의 의미를 탐색하는 흥미진진한 철학적 여정!

북랩

존재하는 모든 것을 포함한다고 여겨지는 우주, 그 안의 생명, 그리고 생명의 꽃으로 여겨지는 인간은 인류의 오랜 생각의 과제였다. 우주와 생명과 인간을 보는 시각과 의견, 상상에 의해 각각의 우주관이 생겨났다. 우주관이 발전해 왔다고 한다면 그것은 기존의 것에 대한 의심에서 시작되었다. 의심은 인류의 지적 토대이다. 이 글은 그동안 의심 없이 믿어져 온 막연한 것에 대한 반역이다. 인간으로서 의심의 끝은 무엇일까? 그것은 '안다는 것은 무엇인가?'에 답하는 일이다. 무엇인가 많이 가졌는데 그것이 더러운 오물인지 금은보화인지 모른다면 많이 가졌다는 것은 의미 있는 일이 아닐 것이다. 이와 마찬가지로 많이 알게 되었는데 안다는 것이 무엇인지 모른다면 이 또한 많이 안다는 것의 의미를 제대로 짚어낼 수 없다. 이는 지식을 추구하는 사회의 근거를 마련하는 중대한 논의 주제이다. 이 글은 의심 없이 믿어 온 모든 것에 대한 반성에서 출발한다. 그런 반성을 거쳐 안다는 것의 의미를 찾고, 기존의 우주관이 가지고 있는 한계를 넘어 새로운 시선을 제공하고자 한다.

그로 인해 우리의 당면과제인 어떻게 살아야 하는지에 대한 논의를 이어갈 것이다.

저자의 목적이 성공했는지는 오롯이 독자들의 영역에 맡겨져 있다. 글을 시작하기에 앞서 저자 스스로의 한계를 밝히는 것이 필요하다. 이 책은 인간의 이성을 비판하지만, 그 비판은 인간의 이성에 의한 것임을 고백해야 한다. 과학의 근거를 파헤치고 비판하지만 과학적 근거와 성과를 가지고 비판할 수밖에 없었다. 인간 언어의 한계를 지적했지만 그런 지적조차 언어를 사용할 수밖에 없었다. 수학의 실체를 비판했지만 수학적 사고의 결과를 받아들였다. 인간에 대한 객관적인 비판도 인간인 저자에 의해 행해졌다는 사실을 피해 갈 수 없었다. 한계를 벗어나지 못한 면이 있지만 한계의 끝까지 갔다고 말 할 수 있다.

이 책을 내면서 도움을 준 경희대 철학과 대학원생들과 학부생들에게 감사의 마음을 전하고 싶다. 30명 이상의 경희대 철학과 대학원생들과 학부생들이 이 책의 원고를 읽고 서평을 써 주었다. 철학을 전공하지 않은 독자들이 이 책을 이해하고 비판적 시각을 갖는 데에 도움이 될 것으로 생각하여 학생들 중 본인의 동의를 받은 서평을 뒷부분에 첨부하였다.

들어가며

●

제3우주론은 기존의 우주를 바라보던 시각 즉, 창조적 우주론과 과학적 우주론의 대안으로 나온 새로운 우주관이다. 아주 오래전부터 인간은 하늘의 해와 별을 보며 우주를 생각해 왔다. 또한 바다와 육지의 온갖 생명을 보면서 신비로움에 젖었었다. 아무것도 없는 상태에서 무엇인가 생긴다는 것을 생각할 수 없었기에 위대한 누군가 이 놀라운 우주와 생명을 창조했을 것으로 믿었다. 그 위대함의 주체는 신이다. 놀라운 자연현상과 자연재해 앞에서 인간은 신을 믿고, 두려움에 떨고, 때로는 의지하며 살아왔다. 문명에 따라 신의 모습은 달라도 인간을 초월한 그 누군가가 우주를 만들고 인간을 지켜볼 것이라고 믿었다. 신에 대한 의심은 당시의 상식으로 가능하지 않았다. 창조적 우주론은 그렇게 만들어졌고 인류의 출현 이후 대부분의 기간 동안 인간이 우주와 자연을 보는 유일한 시각이었다. 그 후 많은 세월이 흐르면서 인간은 이성에 의해 자연현상을 설명할 수 있었다. 신기하거나 두려웠던 자연현상의 원인을 신에게 돌리지 않고도 이해하게 되면서 우주를 만든 것도 신이 아니라는 도전적인 생각을 하게 되었다. 인간은 나름대로 우주의 시작과 운명에 대해 추정하고 예측할 수 있게 되었으며 과학과 이성의 힘에 자신감을 가질 수 있었다. 그렇게 만들어진 과학적 우주론은 인간의 찬란한 성과였다. 그러나 인간 이성의 최고봉으로 여겨지는 과학은 인간의 이성이 얼마나 신뢰성을 가질 수 있는지에 대해서는 제대로 묻지 않았다. 인류가 신에 대한 믿음으로 창조적 우주론을 만들어 낸 것과 같이 이성에 대한 믿음으로 과학적 우주론을 주창하게 된 것이다. 제3우주론은 믿음으로 무엇인가를 만들어 내는 것을 반대한다. 신에 대한 비판적 대안이었던 이성과 과학이 우주를 이해할 수 있는지에 대한 성찰이다. 제3우주론은 창조적 우주론과 과학적 우주론의 근거 없는 믿음을 해체하고 믿음 없이 세계를 바라보려는 시도이다. 제3우주론은 우주와 생명과 인간과 이성에 대한 인식을 새롭게 제시한다. 이 책을 통해 독자들이 무비판적으로 수용된 과학적 우주론에서 탈피하여 우주에 대한 새로운 인식에 도달하고 인류의 방향을 설정하는 문제에 대한 고민을 시작해 보기를 기대한다.

1.
우주에 대한 새로운 시각

- 우주는 우리의 믿음만큼
거대하지도 광활하지도
신비하지도 않다

1.1 새로운 우주론이 필요한 이유

우주론은 우주의 생성과 진화 및 그 운명에 관한 문제를 다룬다. 우주가 어디에서 왔고 어떻게 될 것인지는 철학과 학문과 문명의 방향과 발전에 있어 중요하다. 만일 우주가 신에 의해 창조된 것이라면 인간의 삶은 창조주의 뜻에 따라 살아야 한다는 결론이 나올 것이다. 또 만일 우주가 빅뱅에 의해 생겨나고 진화한 것이라면 인간은 신이라는 존재 없이 홀가분한 상태에서 자연의 구조와 원리를 탐구하고 스스로 삶의 태도를 정할 수 있을 것이다. 따라서 우주가 어떻게 생겨나서 지금과 같은 형태로 있고 앞으로 어떻게 될 것인지는 먼 별나라를 막연히 관측하는 것과 같은 한가한 일이 아니며 인간의 현실적인 삶과 아무 관련이 없는 것이 아니다. 우주론은 크게 보아서 창조적 우주론과 과학적 우주론으로 나누어진다. 과거 동서양에서 여러 가지 철학적 우주론들이 있어서 과학적 우주론의 시발점이 되었지만 대부분의 철학적 우주론은 검증이 불가능한 상상이었다는 점에서 창조적 우주론과 크게 다르지 않았다. 따라서 철학적 우주론은 과학적 우주론의 발전으로 사실상 소멸해 버리고 말았으며 우주의 생성을 논의하면서 철학적 우주론을 이야기하는 사람들은 거의 없다. 현재 대다수의 사람에게 의미 있게 다가오는 우주론은 창조적 우주론과 과학적 우주론이 있다고 할 수 있다. 창조적 우주론은 다수의 사람들이 믿고 있기에 하나의 우주론으로 자리잡고 있다. 창조적 우주론은 믿음의 영역이며 검증할 수 없는 옛날 이야기이다. 자연의 이치에 대해 전혀 무지했던 과거의 사람들에게 창조적 우주론은 거부할 수 없는 당연한 진리로 여겨져 왔다. 그렇기 때문에 창조적 우주론은 인류의 역사가 시작된 이래 대부분의 기간 동안 의심 없이 믿어져 왔으며 지금도 인류의 반 이상은 창조적 우주론을 진리라고 믿고 그런 우주론에 따라 자신의 삶의 태도를 정하고 있다. 대표적인 창조적 우주론의 내용을 담고 있는 성경은 우주의 역사를 수천 년 정도로 상정하고 있다. 성경 속 창조에 관한 모든 내용이 과학적 우주론에 의해 반증되고 적정한 근거에 의해 배척되었으나 아직도 믿음이라는 탄탄한 기반 아래서 의미 있게 다루어지고 있으며 과학적 우주론과 함께 우주론의 다른 한 축을 단단히 받치고 있다. 창조적 우주론이 진지한 논의의 대상이 아니며 많은 사람들이 오래전부터 믿어온 믿음의 영역을 건드리지 않고 그냥 방치해 두고 있다고 여겨지는 반면 과학적 우주론은 빅뱅 이론을 큰 축으로 양자론적 우주관으로 새롭게 진화하고 있다. 과학적 우주론은 사실상 학문의 영역에서 유일하게 신뢰받는 우주론이다. 그러나 과학적 우주론을 통한 우주에 대한 인간의 지식이 너무도 미미하기에 창조론이 그 명맥을 유지하고 있는 측면도 있다. 그럼에도 과학적 우주론은 창조적 우주관 속에서 신의 뜻을 찾고 그 뜻을 받아 살고자 하는 인간의 맹목적 믿음의 허구를 밝혀내고 인간의 이성으로 문명의 토대를 다시 세우는 위대한 역할을 했다고 볼 수 있다. 그래서 인간은 믿음이 아니라 관찰과 실험과 합리적 추론을 통해 할 수 있는 최대한의 검증을 통과한 것만을 받아들일 수 있었다. 더불어 신이 아니라 인간을 위한 세상을 만들게 하는 사상적 큰 배경이 되어 주었다. 그러나 과학적 우주론은 객관적 사실로 받아들일 수 있는 유일한 우주관이 되기에는 커다란 장애들이 있다. 그것은 인간의 감각에 대한 지나친 의지, 수학적 직관에 대한 무한신뢰, 인간이 사용하는 도구인 이성에 대한 무비판적 수용이 그것이다. 감각과 수학적 직관, 이성에 대한 검증이 있어야 과학적 우주론은 제대론 된 토대를 갖추고 하나의 진실한 모습을 갖춘 우주론이 될 수 있다. 만일 감각과, 이성과, 수학적 직관이라는 인간의 자산이 우리가 생각하는 것만큼 신뢰하기 어렵다면 기존의 과학적 우주론 전체가 흔들릴 수 있다. 과학적 우주론이 인간의 감각과 이성에 절대적으로 의지하고 있으며 감각과 이성에 대한 절대적인 신뢰를 배경으로 만들어졌기 때문이다. 인간의 감각과 이성이 우주를 충분히 이해할 수 있는 역할을 하기에 적정한 것인지에 대한 평가는 제대로 이루어지지 않았다. 우주에 대한 관찰자이자 인지자로서 인간에 대한 비판이 필요하다. 인간은 우주를 관찰하고 지식을 축적하기에 적합한 역할을 수행할 수 있는 존재인가에 대한 근본적인 질문을 던져야 한다.

칸트 이래 대부분의 과학·철학자는 인간이 알 수 있는 것과 알 수 없는 것 사이의 경계를 그어 놓고 인간이 알 수 없는 부분은 제외하고 인간이 알 수 있다고 판단되는 것에서 자유롭게 학문적 활동을 해 나갈 수 있을 것으로 생각해왔다. 그러나 기존의 과학적 우주론은 학문을 학문으로써 가능하게 하는 것, 이성을 이성으로서 가능하게 하는 것, 우주론을 우주론으로써 가능하게 하는 것의 출발점, 즉 '안다는 것은 무엇인가?'에 대한 답변은 시도하지 못했고 질문조차 제대로 이루어지지 못했다. 과학은 검증을 거쳐 앎을 추구하는데, 앎이 무엇인지는 정의하지 못하고 있다. 과학적 지식이나 과학적 우주론이 앎이라는 형태로 인간에게 받아들여지는데, 앎이란 무엇이고, 어떤 의미를 가졌으며 얼마나 좋고 유익한 것일까? 이런 의문을 바탕으로 인간이 우주의 관찰과 예측에 어느 정도 역할을 할 수 있는지에 대한 검토를 거친 새로운 우주관, 즉 제3우주론이 나오게 된 것이다. 제3우주론은 기존의 과학적 우주관이 창조적 우주관과 같이 믿음에서 비롯되었다고 생각한다. 창조적 우주론이 신에 대한 믿음에서 비롯되었다면 과학적 우주론은 감각과, 이성과, 수학적 도구에 대한 믿음에서 나왔다고 생각한다. 믿음이 유지되기 위해서는 의심과 검증이 필요하다. 그러나 창조적 우주론은 신에 대한 검증을 하지 않았고, 과학적 우주론은 관찰자인 인간에 대한 검증을 하지 않았다. 우주론의 주창자인 인간과 인간의 앎에 대한 검증을 거친 우주론이 필요하며 그것이 제3우주론이다. 이 책의 1장에서는 인간의 감각과 이성에 대한 비판을 거친 우주론적 대안을 제시하고 2장에서는 기존의 과학과 철학이 회피해 온 질문 '안다는 것이 무엇인지'에 대한 답변을 시도할 것이다. 또한 3장에서는 생각하는 존재인 살아 있는 것, 즉 생명이란 것이 무엇인지에 대한 질문을 이어갈 것이다. 4장에서는 생명들이 만들어 내는 문명이란 무엇인지에 대한 논의가 있을 것이며 5장에서는 종교에 대한 문제를 다룰 것이다. 6장에서는 이러한 모든 논의를 배경으로 그래서 '인간은 어떻게 살 것인가?'하는 윤리학적인 대안을 제시할 것이고 7장에서는 철학의 사소한 문제들을 다룰 것이다.

1.2 태양의 존재 논쟁

한때 친구들과 술자리 중에 논쟁을 벌인 일이 있다. 수십억 년 동안 지구를 비추고 있는 태양에 관한 이야기였다. 얘기가 나온 이유는 정확하지 않지만 과학과 철학이 주제였고 철학이 수천 년간 동일한 질문을 하면서 아무런 발전을 이루지 못한 반면 과학은 태양이나 우주에 대해 많은 것을 알아냈다는 이야기가 있었다. 나는 약간 도발적인 질문을 해보고 싶었다.

나를 A라 하고 친구 중 화자를 B라고 하겠다.

화자 A: 우리가 태양에 대해 아는 것이 많다고 하지만 태양이 저기 하늘에 있다는 것을 어떻게 알지?

화자 B: 뭘 어떻게 알아? 하늘에 매일 떠 있는 크고, 밝고, 뜨거운 것 안 보여? 철학에서는 그런 존재마저 부정하는 것은 아닐 테지?

화자 A: 그래 크고, 밝고, 뜨거운 것 맞아. 그럼 과학적으로 태양을 한번 들여다보자. 과학이 태양을 얼마나 잘 알고 있는지 확인해 보고 싶어. 태양의 다른 특성들이 많이 있겠지만 자네가 이야기한 크고 밝고 뜨거운 것의 특성을 가지고 얘기해 보자. 먼저 크다는 것에 대해 할 말이 있어. 우리 우주의 모든 별과 물질들을 모두 한곳으로 집약해서 응축하고 또 응축한다면, 그리고 그것이 가능하다면 크기를 얼마까지 줄일 수 있을까?

화자 B: 글쎄, 블랙홀처럼 압축이 된다면 태양 정도의 크기가 되지 않을까?

화자 A: 내가 잘 아는 것은 아니고 과학 서적을 보면 빅뱅 이전에 우주의 모든 것이 한점에 모여 있었는데 그 점의 크기가 무한히 작아서 전자 하나 정도의 크기도 되지 않았다는 거야. 그 무한히 작아서 부피가 없는 빅뱅 이전 상태를 특이점이라고 표현하지.

화자 B: 그렇게 작았나?

화자 A: 어쨌든 과학자들의 주장이니까 맞다고 전제를 해 보자고. 만일 우주 전체를 전자 하나 만한 공간에 넣을 수 있는 것이 사실이라고 하자. 그러면 태양을 응축한다면 전자 하나와는 비교할 수 없이 작은 어떤 것이 되겠지?

화자 B: 그렇겠지.

화자 A: 내가 얘기하고 싶은 것은 크다는 것, 태양이 크다는 것이 무슨 의미가 있을까 하는 것이야. 우리 은하에 태양과 같은 별이 수천억 개 있고, 우리 은하만 한 다른 은

하가 수천억 개 이상이라고 하는데, 이런 우주를 다 합해도 전자만도 못한 크기인데 태양을 보고 크다고 말한다면 크다는 것의 의미가 무엇일까를 다시 생각해볼 필요가 있다는 생각이 들어. 물론 우리의 눈이 태양을 크게 인식하는 것은 사실이지.

화자 B: 음!

화자 A: 그리고 밝다는 것은 또 무엇일까? 내가 책에서 읽은 바로는 태양은 입자의 성질도 있지만 우리가 인식하는 것은 빛의 전자기파, 즉 파장이라는 거야. 더 얘기하기 전에 본다는 것을 말하고 싶어. 뭔가를 본다는 것은 사람의 특징이기도 하고 눈이나 눈과 비슷한 기능을 가진 동물들도 볼 수 있다고 생각해. 그래서 볼 수 있는 모든 동물 중에서 사람이 대표적이라고 생각을 해 보자. 전자기파인 가시광선을 귀로 인식하려고 한다면 아마 아무것도 느낄 수 없을 거야. 마찬가지로 코로 전자기파를 탐색하는 것도 가능한 일은 아니겠지. 전자기파를 밝다고 인식하는 것은 눈의 기능이야. 귀나 코나 여타의 다른 것으로는 밝음을 인식하기 어렵지. 오직 눈으로만 밝다는 것을 인식하는 거야. 다시 말하면 전자기파는 전자기파일 뿐인데 사람의 눈은 밝다고 인식한다는 것이지. 코나 귀는 전자기파에 대해 정보라고 인식하지 않아. 우리가 생각하기에는 밝은 어떤 것이 있고, 눈이 그런 밝은 것을 보도록 진화했다고 생각하겠지. 그런데 사실은 전자기파가 사람의 눈을 통해 보이는 것, 그것이 밝은 것이지. 인간의 눈이 생기기 전에는 밝은 것은 없었어. 전자기파를 밝다고 말할 그 어떤 것도 없었어. 게다가 사실 밝다고 느끼는 것은 인간의 뇌라고 할 수 있지. 눈으로 들어온 파장을 밝다는 개념으로 인식하는 것은 엄밀히 말하자면 인간의 뇌라고 할 수 있지. 밝은 것이 먼저 있고 눈이 나중에 생겨서 그 밝음을 보는 것이 아니라 눈이 생기면서 인간의 뇌가 생기면서 밝은 것이 같이 생겨났다고 보는 것이 더 정확한 순서인 것 같아. 밝다는 것은 인간의 감각이고 개념이지 밝다는 것의 원초적 개념(이데아) 같은 것은 존재하지 않아. 밝은 것이 먼저인지, 눈이 먼저인지 결과는 똑같이 밝다고 느끼게 되는 단순하고 소모적인 문제 같아 보이지만 이런 순서는 아주 중요한 주제야. 왜 그런지는 뜨거움에 대해 이야기하고 나서 말할게.

화자 B: 궤변같이 느껴지는데 틀린 말은 아니라는 생각이 드네.

화자 A: 그럼 뜨겁다는 것에 대해 말해 보자. 과학적으로 말을 하자면 뜨겁다는 것은 원자(엄밀히 말하면 분자)의 활동이 빨라지는 것을 말하는 것이라고 해. 원자의 움직임이 활발해지면 뜨겁다고 느끼고, 원자의 움직임이 적어지면 차다고 느끼게 되지. 원자의 움직임의 조건에 따라 다르게 반응하는 것은 인간의 감각이야. 뜨거운 것이 있고 그 뜨거운 정보를 인간의 촉각이 받아들이는 것이 아니라 원자의 활동성에 대해 인간이 느끼는 감각, 그것이 뜨거움인 거지. 따라서 인간이 있기 전에는 뜨거움이나 뜨거운 물체 그 어떤 것도 존재했다고 볼 수 없어. 인간이 생기고 나서야 뜨거움이라는 것이 생겨났다고 할 수 있어.

화자 B: 역시 궤변 같지만 그렇게 생각할 수 있다는 생각은 들어.

화자 A: 만약 이런 것에 대해 한 번도 생각해 보지 않았다면 궤변이라고 느낄 수 있어. 그리고 순서의 문제가 어떻든 뜨겁다고 느끼는 것은 변하지 않는 것이고 말이야. 하지만 태양이 지구를 돌든, 지구가 태양을 돌든 우리가 느끼는 것은 아무런 차이가 없다고 해도 무엇이 무엇을 돌고 있느냐가 과학적 혁명을 초래했다는 것을 생각한다면 감각이 먼저인지 뜨거움이나 밝은 것, 큰 것이 먼저인지는 아주 중요한 인식의 혁명을 이룰 수 있는 주제가 될 거야.

화자 B: 큰 것도 없고, 밝거나 뜨거운 것도 없다면 태양은 어디 있다는 거야?

화자 A: 엄격히 얘기하자면 우리가 생각하는 그런 태양은 어디에도 없지. 크고 밝고 뜨거운 것에 대한 우리의 감각 경험을 태양이라고 부르고 있는 것이지. 하늘에는 크거나 밝거나 뜨거운 어떤 것도 존재하지 않아. 인간이 없다면 큰 것, 밝은 것, 뜨거운 것이 없는 것이고, 인간이 있고 나서야 그런 것이 있다면 사실상 태양은 인간이 만든 것이라고 볼 수 있어. 태양만 그런 것이 아니고 달이나 별, 우리에게 감각되는 모든 만물은 태양을 만든 것 같은 방법으로 인간이 만들어 낸 것이지. 그렇게 본다면 인간이 우주의 창조주라고 얘기해도 지나친 비약이라고 말할 수 없을 거야.

화자 B: 아무리 그렇다 해도 인간이 감각을 하기 위해서는 뭔가 있어야 하는 것은 사실 아닌가? 크다는 것을 말할 때 전자를 예로 들었고, 본다는 것은 전자기파에 대한 인식이라고 했으며, 뜨겁다는 것은 분자의 활동에 대한 반응이라고 말했지 않은가? 그것들은 인간이 만들어 낼 수 없는 것이고 인간 이전에 있었을 것이란 말이지.

화자 A: 그래, 그렇다면 다시 전자나 전자기파 그리고 분자가 어떻게 생겨났는지에 대해 이야기해야 할 거야. 전자에 대해 말한다면 전자는 인간의 간접적 실험과 이론에 의한 추정이야. 전자라는 것이 있어야 물질의 기본 모형이라고 추정되는 원자의 움직임에 대해 설명할 수 있다는 것이지. 그러나 과학자들은 전자는 물론 원자의 실재성에 대해 합의하지 못하고 있어. 이성에 의한 추정일 뿐이지. 전자가 있는지는 모르지만 전자가 있다고 추정하는 것은 인간의 이성이야. 감각 기관은 감각할 수 있는 것을 만들어 내고, 감각하지 못하는 것은 이성이 만들어 낸다고 볼 수 있어.

화자 B: 원자나 전자, 전자기파의 실재성에 대한 논의가 있을 수는 있겠지만 아무튼 무엇인지는 모르지만 무엇이 있다는 것은 사실이잖아. 감각되는 어떤 것이 착각일 수 있겠지만 무엇인가의 실재성을 부인할 수는 없는 것 아닌가?

화자 A: 과학적인 성과를 가지고 얘기를 전개해 왔으니 이렇게 얘기할 수 있을 것 같아. 뭔가 있을 것이고, 있어야 한다는 것 역시 인간의 생각일 뿐이라고. 과학자들은 있다는 것, 존재한다는 것, 물질적이라는 것이 무엇인지 몰라. 있다는 것이 시간과 공간을 필요로 하지 않는 것 같다는 생각을 하고 있어. 있다는 것이 없다는 것과 다르다는 것은 모든 사람들의 기본적인 생각이지. 이 생각을 벗어날 수는 없어. 그렇지만 대체 있다는 것이 무엇일까? 우주가 아무런 부피를 가지지 못한 특이점에서 생겨났다고 하는데, 있다는 것이 무엇일까? 그리고 있다는 것을 생각하는 인간이란 무엇일까?

얼핏 이런 얘기들을 진지하게 했던 생각이 난다. 과학적으로 세상을 설명하고자 해도 우리가 느끼고 공감하는 세상에 대해 확고하게 지지

할 수 있는 바탕을 마련할 수 없었다.

　이런 대화는 내가 과학적 토대의 기본인 '있다는 것(물질)' 그리고 있다는 것을 가정하는 인간, 그리고 인간의 감각과 이성에 대해 더 깊이 생각하는 계기가 되었다. 무엇인가 있든 없든 있다는 관념을 만들어 내는 것은 관찰자이자 생성자이자 생명체인 인간이다. 만일 인간이 우주를 만들어 냈다면 인간이 무엇인지를 아는 것은 우주를 이해하는 새로운 방법이 될 수 있다. 인간이 안다고 생각하는 사실, 정말 당연하다고 생각했던 사실, '태양이 저기에 있다.'는 사실마저 확실한 근거를 갖고 있지 못하다는 엄연한 현실을 인식하는 것을 출발점으로 논의를 전개해 보자.

1.3 사물이 생긴 순서

인간은 사물을 지각하고 이름 붙인다. 그런데 이런 사물들은 어떻게 생겨난 것일까? 만일 원자, 태양, 생명, 꽃, 사람, 나 이런 여섯 가지 사물을 생겨난 순서대로 배열하라는 요구를 받는다면 어떤 순서로 배열하는 것이 옳을까? 우리의 상식에 의한다면 빅뱅에 의해 초기에 원자가 생성되었다. 그리고 원자들이 결합하여 수소가스를 만들었고 그 수소가스 덩어리가 타오르는 것을 태양이라고 부른다. 태양에서 에너지를 받아 유기체인 생명이 만들어졌고, 그 생명이 진화하여 꽃이 피고, 그리고 한참 후에 사람이 나타나게 되었다. 그리고 최종적인 시점에 나라고 하는 지금의 우리가 생겨났다. 이런 관점이라면 원자, 태양, 생명, 꽃, 사람, 나 이런 순서로 생겨났다고 생각할 수 있겠다. 이런 식의 생각은 전통적인 시각을 반영한다. 우리는 순서에 있어 우리 자신을 사물의 맨 끝에 위치시키는 것을 습관적으로 당연하게 여겨왔다. 나는 지금 여기 있는데 지금의 나는 어떤 과정을 거쳐 왔는가를 생각하기 때문이다. 그렇기 때문에 '나는 어디에서 왔을까?'하는 존재론적인 질문을 던지곤 한다. 나 자신이 최종점이기 때문에 그 연원을 캐 나가는 방식이다. 그래야 나의 원인을 알고 내가 만들어진 목적이 있다면 그에 맞게 살아갈 수 있다고 생각한다. 인간은 단 한 번도 내가 시작일 수 있다는 생각을 하지 않았다. 내가 먼저 있고 내가 나머지 사물들을 만들었다는 생각은 상상할 수 없었다. 또한 우리는 우리의 감각 기관이 어떻게든 외부의 정보를 받아들인다는 것을 의심한 적도 없다. 외부에 어떤 것이 있고 우리의 감각 기관은 문제가 있지만 그것을 나름 받아들이고 있다는 것이다. 그리고 그것은 경향성이 있고 반복적인 경험에 의해 동일한 특성을 인지시키기 때문에 과학적이라는 생각도 한다. 그리고 그런 경향성과 반복적인 경험은 인간을 무질서에서 구해주고 나름의 계획을 세울 수 있게 하고 상황에 맞는 대처를 하면서 삶을 이어가게 해준다. 그러기 때문에 우리는 사물의 실재성에 대해 의심할 수 없었고 의심할 이유가 없었다. 그러나 현대과학 중 양자 역학의 입장은 기존의 상식과는 다른 판단을 하고 있다. 양자 역학에서는 사건과 측정이 인과적으로 연결되어 있다고 본다. 측정이 없으면 사건이 없다는 것은 물리학의 기본 전제인 실재성에 대한 중대한 도전이다. 그래서 아인슈타인은 '내가 보지 않으면 달이 없어지기라도 한다는 말인가?'라며 이에 대해 반박한 적이 있다. 그러나 오늘날 양자 역학은 물리학의 주류가 되었다. 굳이 양자 역학의 어려운 이론을 언급하지 않아도 '나'라고 하는 관찰자는 대상의 실재에 대해 중요한 요인을 넘어 실재성의 원인이 된다. 앞서 태양의 존재에 대한 간단한 토론에서도 '나'라는 존재는 태양의 실재성의 원인이고 근거가 된다. 감각 기관을 가진 인간은 감각 기관이 무엇인가를 파악하고 인간의 뇌가 감각 기관의 정보를 통해 무엇인가를 알 수 있도록 되어 있다고 믿는다. 우리는 있다는 것이 무엇인지 모른다. 있다는 것은 굳이 시간과 공간을 점유하지 않아도 되는 것 같다. 그럼에도 인간은 거대한 우주와 그 공간을 상상하고 우리 삶의 전제로 설정한다. 태양에 관한 토론에서 태양의 실재성에 대한 인간의 역할을 인정할 수 있다면 여섯 가지 사물이 만들어진 순서는 우리의 상식과는 반대로 되어야 한다. 나, 인간, 꽃, 생명, 태양, 원자 등의 순서로 만들어졌다고 볼 수 있다. 내가 나를 인식함으로 '나'가 생기고, 그런 내가 주위의 사람들을 인식함으로써 인간이 만들어지고, 인간이 꽃이나 개별 생물들을 인식함으로써 생명이라는 개념과 사물이 생겨나고, 태양은 꽃이나 생명과 비슷한 시기에 만들어졌으며, 태양, 꽃, 생명을 설명하는 과정에 원자가 가정되었다. 여기서 만들어졌다고 하는 개념은 오해의 소지가 있어 분명히 해 둘 필요가 있다. 인간이 사물을 만들었다는 것은 의자나 건물을 만드는 것과는 다른 의미가 있다. 인간이 잘못된 허상으로 도깨비나 유령, 우주인 등이 만들어졌다고 했을 때 사용되는 만들어졌다는 개념으로 인식되어야 한다. 실재와는 상관없이 인간의 감각 기관이 만들어 낸 허상이 사물이라는 뜻이다. 인간의 감각 기관과 뇌는 아무런 권한 없이 온갖 것을 만들어 낸다. 우주, 바다, 사람, 태양, 꽃 원자 등 우주의 모든 만물들은 사람인 내가 만들어 낸다. 심지어 나라는 인식조차 내가 만들어 내는 것이다. 그렇다면 허상을 만들어 내는 나는 어디 있는가? '나'라는 것 내가 있다는 것, 그것이 허상이다. '나'라는 것이 무엇인지에 대해서는 추후 논의가 있을 것이다. 이제 아인슈타인의 질문에 대해 답을 해야 한다. 내가 보지 않으면 달이 없어지기라도 한다는 말인가? 그렇다. 내가 보지 않으면 달은 없어진다. 달이 없어지는 것이 아니라 애초에 달이 거기에 있지도 않았다. 내가 만든 것이다. 애초에 있지도 않은 것이 아름답기도 하고 바닷물을 끌고 당겨 밀물과 썰물을 만들기도 하고 그런 경험적 가능성으로 과학적 대상이 되기도 한다. 달은 소중하다. 달이 인간이 만든 것이라 해도 여전히 소중한 것이다. 달이 없다고 생각하는 것보다는 있다고 생각하는 것이 유익하다. 그리고 달이 사실 없고 인간이 달을 만든다는 것을 몰라도 우리 삶은 변함없이 유지된다. 그래서 철학적 사실은 몰라도 된다고 말하는 사람들도 있다. 그러나 인간은 알고자 하는 욕구가 있다. 그 앎이 절망적일지라도 말이다. 또는 안다는 것 그것이 아무것도 아닐지라도 말이다.

1.4 제3우주론

제3우주론에서는 우주가 인간의 불완전한 감각과 불완전한 뇌와 불완전한 이성이 만들어 낸 산물이라고 생각한다. 흔히 과학적이라는 표현을 사용하면 많은 검증을 거쳤고 현재까지는 반박이 어려우며 진리에 가장 근접해 있다는 인식을 갖게 된다. 과학의 주요 기반은 인간이고 그중에서도 이성과 감각이고 특히나 수학적 직관이 많은 부분을 차지한다. 그러나 우리가 가지고 있는 과학적 탐구를 위한 이성과 그 도구들은 과학적이라는 말이 신뢰를 받는 것과 같은 신뢰를 가질 수 없다. 감각과 이성은 외부의 데이터를 터무니없이 왜곡하기 때문이다. 감각과 이성은 외부의 데이터를 받아들여 실체를 파악하는 것이 아니라 스스로 무언가를 만들어 내기 때문이다. 감각과 이성은 우주 만물을 만들어 냈다. 그동안 철학은 인간의 감각만이 부정확한 것이며 인간의 이성은 상당한 정도, 즉 과학적이라는 말에 동반하는 정도의 신뢰성을 가진 것으로 간주해 왔다. 이성의 신뢰성이 무너지면 모든 것이 무너진다는 두려움도 있었을 것이다. 모든 것이 무너지면 모든 것을 새로 세울 수 있다. 두려움은 극복되어야 한다. 제3우주론은 불완전한 인간이 우주 만물의 주인이 되는 우주관이다. 인간은 늘 스스로 신이나 자연의 피조물이라는 생각에 익숙해 있다. 스스로 불완전하고 스스로 무지하다고 생각되는 인간이 우주의 중심이자 주인이라는 생각은 할 수 없었다. 제3우주론에서 인간이 우주의 창조자라는 새로운 인식은 인간을 옹호하고 자부심을 주려는 의도에서 시작된 것이 아니다. 오히려 인간이 과학적이라는 활동을 통해 획득한 자부심을 내려놓고 인간의 본원적 한계에 대한 절감을 통해 내려진 결론이다. 제3우주론은 제3우주론적 인식론을 바탕으로 성립된다. 제3우주론적 인식론은 인간이 할 수 있는 가장 큰 질문인 '안다는 것은 무엇인가?'에 대한 탐구를 통해 모습을 나타냈다. 그러나 제3우주론 역시 인간의 한계를 벗어날 수는 없다. 그것은 이성에 의한 이성 비판, 언어에 의한 언어 비판, 과학을 통한 과학 비판, 수학을 통한 수학 비판 등의 모순을 여전히 갖고 있기 때문이다. 그러나 가장 큰 질문으로 끝까지 의심을 거두지 않는 과정이 있었다.

2.
제3우주론적 인식론

> – 인간이 물을 수 있는
> 가장 큰 질문은
> '안다는 것은 무엇인가?'이다.

2.1 감각과 뇌

　누구든 그렇겠지만 나도 잠을 자면서 꿈을 많이 꾸는 편이다. 내 경우는 특히 하늘을 나는 꿈을 자주 꾼다, 손을 아래위로 살짝 저으면 날기 시작해서 전신주 위의 도시를 날기도 하고 때로는 해변가에서 출렁이는 바다 위를 날기도 한다. 맹수들이 있는 동물원 위를 나르면서 밑으로 떨어지지 않게 안간힘을 쓰기도 한다. 핵폭탄이 저 멀리서 터지면서 나를 향해 엄청난 열기로 다가왔을 때는 '그래, 이제 죽는 거니까 마지막 순간까지 죽음을 느껴봐야지' 다짐하면서 그 열기를 눈을 뜨고 맞이하다가 깨어버린 경우도 있다. 좀 더 어렸을 때는 알지도 못하는 여자와 정사를 나누다가 사정을 하면서 잠이 깬 적도 있다.

　꿈에서는 보고 듣고 느끼는 모든 경험을 할 수 있다. 실제로 보는 것도 아니고, 듣는 것도 아니고, 어떤 대상과 직접 접촉하는 것도 아니지만 깨어 있는 상태에서 하는 모든 것을 잠을 자면서 경험할 수 있다. 꿈을 꾸고 나서는 가끔 이런 생각을 한다. 내 눈이 본 것이 아닌데, 눈이 어떤 역할을 한 것도 아니고 눈이 어떤 대상을 직접 본 것도 아닌데 나는 이 모든 것을 생생하게 경험한다. 내가 보거나 듣거나 만지지 않은 무엇을 보고 듣고 느낄 수 있다고 한다면 무엇인가를 감각한다는 것은 전적으로 뇌의 역할인 것으로 여겨진다. 눈은 어떤 정보를 제공하지만 실제로 본다는 것은 뇌의 역할이다. 이것은 눈을 사용하지 않아도 꿈에서 무언가를 생생히 볼 수 있다는 사실에서도 당연하게 여겨진다. 눈에서 정보를 제공하지 않아도 뇌는 시각적인 정보를 스스로 만들어 내고 그것을 인식할 수 있다. 꿈에서 본 것은 본 것이 아니라고 말할 수 없다.

전통적으로 우리가 생각하는 인간의 감각 기관과 뇌 사이의 관계를 간단히 아래와 같이 정리할 수 있다.

물체 → 빛 → 눈 → 신경 → 뇌

뇌와 물체 사이에는 네 단계가 놓여있다. 우리는 각 단계가 인과적으로 상당히 밀접한 관련을 맺고 있다고 믿는다. 그러나 사실상 단계별 정보의 전달에 대한 신뢰성을 담보할 수 있는 그 무엇도 확보되어 있지 않다. 아래와 같이 생각해 보자.

물체가 있는지 모르겠고, 있는 것이 무엇인지 모른다. 있다고 해도, 그 물체가 무엇인지는 모른다.

그 물체에 빛이 반사되어 그 파장이 눈에 전달된다.

그 빛을 눈이라는 단백질 덩어리가 정보를 모으고 처리한다.

단백질 덩어리가 모은 정보를 가느다란 신경 덩어리가 전기적 화학적 신호를 만들어 뇌에게 전달한다.

뇌라는 단백질 덩어리가 그 정보를 읽고 해석하면 본다는 것이 성립한다.

눈이 받아들이는 것은 물체와 관련 없는 빛의 파장일 뿐이며, 신경이 받아들이는 것은 눈이 받아들인 파장과는 관련 없는 전기와 화학신호이고, 뇌가 이 신호를 처리하는 방식은 신경과는 관련 없는 뇌라는 단백질의 메커니즘일 뿐이다.

그럼에도 때로 뇌는 물체도 없고, 빛의 파장이 없이 스스로 영상을 만들기도 한다.

뇌는 주어지는 정보 없이 시각적인 영상을 만들어 낼 수 있고 물체의 존재 여부와는 아무 관계도 없는 영상을 스스로 만들어 낼 수 있으며 우리는 꿈을 통해 그 사실을 알 수 있다. 나는 꿈에서 황금 돼지를 본 적이 있다. 뇌는 한 번도 본 적이 없는 황금 돼지를 스스로 만들었고, 나는 스스로 만든 그 영상을 생생히 보고 경험했다. 내 눈을 사용하지 않고도 말이다. 어떤 신호가 들어오든 뇌는 스스로의 메커니즘으로 그 정보를 처리한다. 애초의 대상이 있든, 없든 뇌는 자신의 방식으로 인식을 한다는 것이다. 냄새를 맡고, 소리를 듣고, 맛을 느끼고, 촉각을 갖는 것도 마찬가지의 의미를 지니고 있다. 인간에게 본다는 것을 포함하는 모든 감각은 재론의 여지 없이 너무도 귀한 감각이지만 물체와 뇌와의 연계성은 정당한 신뢰성을 담보하고 있다는 믿음을 갖기 어렵게 만든다.

그나마 신뢰성을 유지할 수 있는 것은 감각과 뇌의 메커니즘이 일정한 패턴을 유지하는 것으로 여겨지기 때문이다. 하나의 대상을 볼 때는 동일한 시각적 정보를 만들어 내는 것 같다. 동일한 대상에는 동일한 냄새와, 맛과 감촉을 갖는 것 같다. 그것은 우리의 경험이다. 효용성은 이런 동일한 메커니즘이 있어 유지되고 있는 것 같다.

효용성은 우리가 삶을 유지하는 모든 근거이기도 하다. 아름다움을 느끼고 좋은 음악을 듣고, 맛있는 음식을 먹으며 욕망을 충족할 수 있다. 약간의 맛의 차이에 수십 배의 돈을 지불하고도 기꺼이 그 작은 차이를 음미하려고 한다. 그 효용성 아래서 우리는 특별한 불편함을 느끼기 어렵다.

효용성이 있는 것으로 우리의 삶은 충분히 유지되어 왔고 앞으로도 그럴 것이다.

감각의 효용성에도 불구하고 외부의 물체는 고사하고 감각 기관과 뇌의 연계성에 대한 신뢰마저 담보할 수 없다면 인간이 안다는 것이 무엇인지에 대한 근본적인 질문을 하지 않을 수 없다. 알 수 있는 것이 무엇인가에 대한 질문이 아니고 아는 것이 무엇인지에 대한 질문이 있어야 한다.

아는 것이 무엇인지에 대한 통찰을 갖게 된다면 태양이 있는지 없는지에 대한 토론의 의미에 대해서도 이해할 수 있는 단초가 마련될 것이다.

무엇을 묻는지는 그 논의의 결과가 전혀 다른 것이 될 수 있다. 물체가 어떤 속도로 떨어지는지와 왜 떨어지는지를 묻는 것에서 세계관이 어떻게 달라지게 되었는지 과학사를 통해 잘 알려져 있다.

인간이 물어야 할 가장 큰 질문은 '안다는 것은 무엇인가?'이다. 모든 문명과 지식과 학문에 대한 정의가 거기에 달려 있기 때문이다. 우리의 일상과 사회 제도 등 모든 것이 이 질문에 대한 인간의 이해에 따라 다시 정리되어야 하기 때문이다.

2.2 안다는 것은 무엇인가?

    태양의 존재에 관한 토론과 감각과 뇌의 관계에 대한 정리를 통해 그동안 우리가 잘 안다고 생각했던 것들에 대한 신뢰의 기반이 미약하다는 것에 대해 살펴보았으며 막연한 믿음의 습관들이 사실을 가로막고 있다는 생각이 든다. 그렇다면 제대로 된 근거에서 알 수 있는 것은 무엇인가? 무엇을 알 수 있고 무엇을 알 수 없는지를 따지기 전에 '안다는 것은 무엇인가?'에 대하여 물어야 한다. 안다고 하는 것은 인간의 이성의 문제이고 인간의 이성에 의해 과학과 문명이 발전해 왔기 때문에 인간의 이성이란 것이 무엇인지를 들여다보는 것은 인간이 이룩해 놓은 과학과 문명이란 것에 나름의 위치를 갖게 할 것이다. 안다는 것은 인간 뇌 활동의 결과물이다. 그리고 우리는 그것을 이성이라고 부른다. 그렇다면 인간 이성이 가진 특징들을 살펴보는 것은 안다는 것은 무엇인가에 대한 논의의 좋은 출발점이 될 것이다. 인간이 이성 활동을 통해 무엇인가를 알게 되는 것인데 인간의 이성은 무엇인가를 알고 이해하기에 적합하게 되어 있는가 하는 것이 문제의 핵심이다. 나는 인간의 이성을 분석하면서 인간의 이성이 우리를 둘러싼 세상을 이해하기 어렵게 되어 있다는 것을 알게 되었다. 그 이유는 인간의 이성에 넘을 수 없는 네 가지의 장벽이 존재하기 때문이다. 나는 이것을 '이성의 감옥'이라고 부르겠다. 이성은 네 가지의 감옥에 갇혀 있다. 이 네 가지의 감옥이 너무 두텁고 부수기 어렵다면 이성의 세상에 대한 이해는 불가하거나 매우 제한적일 수밖에 없다. 이성의 감옥은 감각 기관의 감옥, 뇌의 감옥, 언어의 감옥, 주체의 감옥 등 네 가지의 감옥을 말한다.

이성의 감옥 첫 번째는 감각 기관의 감옥이다. 이미 언급했듯이 감각 기관은 외부의 정보를 있는 그대로 받아들이는 곳이 아니라 감각 기관의 특성으로 자신의 신호를 만들어 내는 곳이다. 뭉쳐지면 전자 하나만도 못 한 우주를 크다고 보는 것이 감각 기관이다. 과학적 상식으로 원자는 사실상 텅 비어 있고(원자와 원자핵 사이), 원자의 핵을 구성하는 양성자와 중성자도 사실상 텅 비어 있다. 그럼에도 우리 감각은 원자로 구성된 건물이나 철근을 조밀하게 보고 딱딱하다고 느낀다. 또한 귀는 공기의 파장을 소리로 만들고, 코는 이동하는 분자를 냄새로 만든다. 감각 기관은 태양과 바다와 산맥을 만들어 낸다. 아름다운 것과 추한 것, 깨끗한 것과 더러운 것을 분별하고 만들어 낸다. 감각 기관은 외부의 정보를 전달하는 곳이 아니라 자신의 기능에 따라 대상을 만들어 낸다. 아름다운 얼굴이 있지만 만일 눈이 천 배 이상 정밀해져서 아름다운 얼굴의 땀구멍과 솜털과 지방과 먼지까지 자세히 볼 수 있다면 아름다운 얼굴은 더 이상 아름다울 수 없을 것이다. 눈이 10억 배 이상 정밀하다면 숭숭 구멍 뚫린 원자들의 모습만 들어올 뿐 얼굴이란 것이 보이지도 않을뿐더러 얼굴이 존재한다고 생각할 수도 없을 것이다. 이런 것을 고려한다면 감각 기관은 외부의 정보를 받아들이는 곳이 아니라 감각 기관의 한계와 특성에 따라 정보를 적극적으로 만들어 내는 곳이다. 이것은 이성이 세계를 이해하는 데에 가장 큰 장애 요소가 되며 이성의 첫 번째 감옥으로 불린다.

이성의 감옥 두 번째는 뇌의 감옥이다. 뇌는 단백질 덩어리다. 뇌는 감각 기관의 정보를 처리하는데 감각 기관의 정보는 한정되어 있고 왜곡되어 들어온다. 왜곡되어 들어온 정보를 단백질 덩어리가 어떻게 처리하는가에 관한 것은 전적으로 뇌에 달려 있다. 단백질 덩어리의 뇌가 처리한 정보를 우리가 얼마나 신뢰할 수 있는지 객관적으로 파악할 방법은 없다. 뇌는 뇌의 메커니즘에 의해 정보를 처리하는데 이것을 우리는 안다고 표현한다. 뇌의 정보처리 결과를 안다고 표현하고 있기 때문에 안다는 것은 우리가 생각하는 어떤 것이 아니다. 안다는 것이 먼저 있고 뇌가 그것을 처리하는 것이 아니라 뇌의 처리결과를 안다고 표현하는 것이다. 우리가 흔히 표현하는 안다는 것이란, 사물이나 상황에 대한 정보나 지식을 갖추는 것이며 경험이나 교육을 통해서 이루어지고 일차적인 것은 감각 기관을 통해 들어온 정보와 뇌의 처리 작용으로 이루어진다. 사물이나 상황에 대한 정보라는 것은 뇌의 처리 결과물이고 사물이나 상황과는 직접적인 관련이 없다. 우리가 생각하는 안다는 것이 사물이나 상황에 대한 정보나 지식인데, 사실상 사물이나 상황은 인간의 뇌가 처리한 결과물이다. 사물이나 상황이 따로 있는 것이 아니고 인간의 뇌가 처리한 결과물이라는 말이다. 뜨거운 것이든, 찬 것이든, 큰 것이든, 작은 것이든, 아름다운 것이든, 추한 것이든 모든 상황은 외부에 뜨거운 것, 찬 것, 큰 것, 작은 것, 아름다운 것, 추한 것이 있어서 뇌가 그것을 정당하게 처리하고 인지하는 것이 아니라 뇌의 결과물들이 그런 식으로 표현되는 것이다. 인간은 안다고 하는 것, 그 이상을 상상할 수 없다. 인간이 안다는 것, 상상한다는 것이 뇌의 처리 결과물이기 때문에 안다는 것 그 이상을 상상할 수 없다. 뇌가 정보를 처리하는 방법이 어떤 우연들과 또 다른 원인의 숱한 과정에서 진화한 것이라도 그것이 우리가 가지고 있는 전부이며 모든 것은 그 우연과 숱한 다른 우연들 속에 만들어진 뇌의 처리 과정에 의존하고 있다. 그리고 뇌의 처리 과정을 거쳐 만들어진 결과를 우리는 안다고 말하고 있다. 안다고 하는 것은 뇌가 만들어 낸 결과를 지칭할 뿐이다. 이것은 이성이 세계를 이해하는 데에 커다란 장애 요소가 되며 이성의 두 번째 감옥으로 불린다.

이성의 감옥 세 번째는 언어의 감옥이다. 안다는 것이 뇌의 처리 결과물이라면 언어는 그 처리결과를 인간이 이해하고 분류하고 분석하는 도구이다. 인간이 생각하는 것을 언어로 한다는 점을 고려하면 언어는 인간 이성의 대체 불가능한 도구라 할 수 있다. 이성의 모든 내용들은 언어로 구성되어 있다. 언어는 감각 기관을 통한 뇌의 처리 결과물들을 분류하고 이름 짓는 것을 통해서 그 기능을 수행한다. 감각 기관과 뇌가 크고 뜨겁고 밝은 어떤 것을 감지했다면 태양이라는 이름의 언어로 이를 이해한다. 그런데 뇌가 언어를 사용하면서 중대한 문제가 발생한다. 언어는 모든 것을 분류하려는 속성이 있으며 언어 자체가 분류의 결과물이기도 하다. 인간은 모든 것을 구분하고 분류하며 그 분류의 결과물이 이성이고 앎이다. 그 분류의 결과물들이 사과, 고등어, 태양, 바다, 사람, 사랑, 아름다움 등이다. 일단 분류가 되어 이름 지어지면 그 분류된 것은 하나의 실체가 된다. 사과가 있고, 고등어가 있고, 태양이 있고, 사람과, 사랑과 아름다움이 있게 된다. 원자 단위나 분자 단위, 그리고 세포 단위에서는 이름을 가질 필요가 없는 것을 인간의 감각 기관과 뇌의 처리결과를 언어로 표현하면 하나의 실체가 된다. 물론 그 분류가 인간이 살아가는 데 유용한 수단이 된다는 것은 이론의 여지가 없다. 그러나 언어나 이름이 있다고 해서 실체가 있는 것은 아니다. 인간이 있기 때문에 그 실체들이 만들어지고 지각되는 것이다. 이것은 마치 빛이 없는 부분, 빛이 가려진 부분을 그림자라고 부르는데 그림자가 있다는 표현을 하는 것과 비슷하다. 무엇인가 없는 것이 그림자인데 그림자가 있다고 말해도 여전히 유용한 것이다. 말과 실체가 연결되지 않았음에도 언어는 말과 실체의 일치를 추구하기 때문에 잘못된 길에 들어서 있다. 언어의 또 다른 문제는 언어가 언어로만 개념된다는 것이다. 그렇기 때문에 언어의 개념 증명은 순환적이다. 생명은 영혼을 가진 것이라고 해 보자. 다시 말해 영혼은 생명을 생명으로 존재케 하는 것이다. 여기에서 영혼은 생명으로, 생명은 영혼으로 개념된다. 결국 생명이라는 것의 개념은 생명은 생명이라는 말과 동일하다. 영혼은 영혼이라는 말과도 동일하다. 이런 말은 결국 아무 의미도 없지만 '생명은 영혼을 가진 존재이다'라고 말하는 것은 여전히 언어로써 의미 있게 쓰이고 있다. 얼마나 여러 단계의 순환을 거치느냐 하는 문제이지 결국 모든 말은 순환적이다. 서로가 서로를 보증하는 일은 인간사회에서는 가능한 일이지만 언어의 뜻을 알고자 하는 사람들은 영원한 동어반복의 바다에서 헤어나지 못하고 죽어갈 운명이라 하겠다. 언어에 대한 문제점을 비판하고 있는 이 지점에서도 역시 언어를 통해 언어를 비판할 수밖에 없는 것은 인간이 감옥에 저항할 수 없는 한계를 여실히 드러내고 있다. 이것은 이성이 세계를 이해하는 데에 커다란 장애 요소가 되며 이성의 세 번째 감옥으로 불린다.

이성의 감옥 네 번째는 주체의 감옥이다. 주체의 감옥은 감각과 뇌와 언어의 주체로서 '나'라고 하는 실체에 관한 것이다. '나'는 당연히 있다. 나를 부정하면 아무것도 확실한 것이 없고 모든 것이 헛되고 이성의 출발점도 잃게 된다. 그런데 '나'란 무엇인가? 생명이고 사람이고 선택하는 존재이다. 너를 보고 있고 너에게 보이고 너와 함께 이야기를 나누고 있는 것이 '나'이다. 그러나 뒤의 생명론에서 언급할 것이지만 모든 생명은 무생물인 원자로 이루어져 있다. 완벽히 무생물로 이루어진 것을 무생물이 아니라고 말한다면 무생물은 무엇인가? 나와 내 몸을 구성하는 수십조 개의 세포들은 모두 무생물인 원자들로 이루어져 있다. 무생물로 이루어진 세포를 생명이라 부른다 해도 수십조 개의 생명으로 이루어진 '나'라는 것은 단일한 생명체일 수 없다. 생명도 아니고 생명이라 해도 단일한 것이 아니라 생명들이 바글바글 모여 있는 흡사 개미집과 같은 것을 하나의 주체로 인정하여 '나'라고 부르고 있다. 그렇다고 '나'

라는 것이 수십조 개의 세포들을 대표하는 것도 아니고 세포들을 위해 일하고 있는 것도 아니다. 수십조 개의 인간 세포 중 호르몬에 반응하는 일부의 뇌세포를 위해 전체의 세포 덩어리가 움직이고 있다. 그것이 인간이고 '나'이다. 손과 발이 없어도 '나'라고 부를 수 있지만 머리가 없다면 나라고 부를 수 없다. 그렇다면 나는 뇌의 자기 인식인 듯하다. 뇌가 자기의 범위를 벗어나 전체를 하나의 몸체이자 자기 구성물로 인정하는 것 같다. 일부 뇌세포 덩어리의 자기 인식으로의 '나', 그러나 하나가 아닌 집단으로의 뇌세포들, 그러나 무생물로만 이루어진 세포들, 그속에 어딘가 내가 자리 잡고 있다. 무엇 하나 분명한 것이 없는 '나', 그러나 절실히 느끼고 있는 '나'라는 자의식, 그것이 앎의 주체가 될 수 있는지에 대해서는 막막할 뿐이다. 이것은 이성이 세계를 이해하는 데에 커다란 장애 요소가 되며 이성의 네 번째 감옥으로 불린다.

우리가 진리 또는 앎을 추구하는 것에 있어 인간 이성의 감옥들 네가지들 전부는 큰 장애가 되고 있다. 감각 기관의 감옥, 뇌의 감옥, 언어의 감옥, 주체의 감옥 이들 중 단 하나의 감옥에만 갇혀 있어도 외부의 사정을 아는 것은 불가능하다. 그런데 각각이 모두 치명적인 네 개의 감옥에 겹겹이 쌓여 있다면 인간이 안다고 하는 것은 대체 무엇일까? 인간의 이성이란 것은 대체 무엇일까? 인간의 이성에 어떤 의미를 부여할 수 있을 것인가? 이성이란 감옥에 갇힌 사람들의 바깥세상에 대한 상상과 같은 것이다. 감옥에는 간수도 없고 세상 소식을 전해줄 사람은 아무도 없다. 죄수들은 감옥에서 태어났으며 감옥 밖을 구경해 본 적도 없고 구경할 기회도 없을 것이다. 죄수들은 어떤 경우에도 감옥을 벗어날 수 없다. 심지어는 감옥 밖이라는 세상이 있기는 한 것인지 알 수가 없다. 감옥에서 나온 상상은 감옥 안에서 죄수들이 이야기를 나누기에는 아무 문제가 없다. 맘껏 상상하고 맘껏 이론을 세우고 논리를 세워 볼 수 있지만 감옥 내에서만 이루어지는 잡담에 불과할 것이다. 이성, 그것은 아무것도 아니다. 안다는 것, 그것은 아무것도 아니다. 따라서 인간이 무엇을 알 수 있고 무엇을 알 수 없는지에 대한 논의는 아무런 의미가 없다. 안다는 것, 그것이 아무것도 아니기 때문이다. 그럼에도 안다는 것이 필요하다면 한 가지 이유가 있다. 그것은 이곳이 감옥인지도 모르는 수감자들이 있기 때문이다. 상상 속의 말들 전부나 또는 일부를 사실로 여기는 사람들이 있기 때문이다. 이곳이 감옥이라는 것, 여기에서 탈출할 수 없다는 것, 상상을 만들어 이익을 보려는 사람들이 있다는 것, 그들 중 누구도 아무것도 알지 못한다는 것을 안다는 것은 여전히 감옥 안에서는 중요한 일이 될 것이다.

2.3 생각한다는 것

인간의 특성 중 인간 스스로 가장 자랑스럽게 여기는 것은 생각하는 존재라는 것이다. 생각하는 것을 통해서 인류는 스스로를 보호하고 집을 짓고, 먹을 것을 구하고, 자손을 퍼트리고 문명을 일구어냈다. 생각하는 특성은 다른 동물들에게서 일부 나타나기는 하지만 인간만큼 생각하는 특성에 의지하여 생존을 도모하는 생물은 그 어디에도 없다. 그래서 신과 인간의 공통적인 특성을 생각하는 존재로 보고 있는 것도 인간이다. 범신론을 제외한다면 신은 생각하는 존재이다. 모든 것을 알고 모든 것을 생각하고 모든 것을 준비해두는 존재가 신이다. 신은 생각을 통해 이루어지는 이성의 최고봉으로 여겨진다. 범신론은 자연을 신으로 여기고 신의 인격성을 배제하므로 인간은 그런 신에 대해서는 별 관심이 없고 두려워하거나 존경하는 대상으로 여기지 않는다. 생각하는 존재의 신이어야 인간은 존경하고 두려워하고 어두운 곳에서도 스스로를 삼간다. 그렇다면 생각한다는 것은 무엇인가? 인간은 생각하지만 생각한다는 것을 생각하는 일은 잘 하지 않는다. 생각하는 것을 생각하는 것도 생각이기 때문이다. 생각하는 것이 무엇인지 어렵게 느껴지는 것은 생각이란 무엇인지에 대해서도 생각을 통해 이해해야 하기 때문이다. 그래서 생각이 인간의 소중한 자산이고 신과 통해 있는 것이라고 여기지만 생각이 무엇인지를 알기는 어렵다. 이렇게 접근을 해볼 수 있을 것 같다. 인간이 생각을 통해 하는 일을 살펴보는 것이다. 집을 짓는 일은 인간의 생각이 관여되고 최고도의 난이도를 자랑하는 일이다. 그러나 개미도 집을 짓는다. 여왕개미를 제외한 개미의 수명은 보통 몇 주에서 최대 2년 정도로 알려져 있다. 평균 1년의 수명을 가진 개미가 수백만 개체들이 함께 살 수 있는 집을 짓는다. 비가 와도 무너지지 않고 더위나 추위가 와도 유지될 수 있으며 수백만 개체들이 서로 연결될 수 있는 그런 집을 짓는다. 생각하지 않고도 불과 1년도 살기 힘든 개미들이 그런 엄청난 규모의 집을 짓는다. 개미들 말고도 벌들의 집은 정교하고 아름답다. 새들도 집을 짓고, 비버도 나무로 댐을 만들고 그 나무 속에 물속을 지나야 도달하는 입구를 가진 집을 지어 새끼들을 보호한다. 생각을 통해 집을 짓는 것이 훌륭한 일이기는 하지만 아무런 생각 없이도 멋진 집을 짓는 것은 가능한 일인 것 같다.

인간은 또 먹을 것을 마련하는 것을 생각을 통해서 한다. 그러나 우리 몸속의 수천억 마리의 대장균도 먹을 것을 찾는 일에 아무런 문제를 갖고 있지 않으며 개구리 메뚜기 지렁이도 생각하는 일 없이 먹이를 잘 찾아낼 수 있다.

또한 자손을 퍼트리는 일도 생각이 하는 중요한 일이지만 박테리아나 매미 등 모든 종류의 생물들이 생각하는 것 없이도 자손을 퍼트리고 후손을 보호한다. 후손을 퍼트리는 일은 인간들보다는 오히려 박테리아나 대장균 개미 등이 훨씬 더 효과적이고 성공적이라는 데에 이견이 없을 것이다. 그들은 인간보다 수백, 수천 배의 긴 생존의 역사를 이어가고 있다. 인간이 멸망한 뒤에도 그들의 생존은 지속될지 모른다.

인간의 생존에는 생각하는 것이 절대적으로 중요하지만 그것은 인간에 국한된 것일 뿐, 생물의 생존과 번성에 생각하는 일은 그렇게 중요한 것은 아닌 것 같다. 인간은 책을 쓰고 먼 거리에서도 서로의 얼굴을 보고 통신을 하며 편안한 침대를 만들고 달콤한 포도주를 즐긴다. 생각을 통해 이루어진 일이다. 그러나 그게 뭐 어쨌단 말인가? 책을 쓰는 것은 후세들에게 생각을 물려주는 일이지만 개미들은 그런 학습이 없이도 훌륭한 집을 짓고 번식을 한다. 먼 거리에서 서로 얼굴을 보는 일이 중요할 수는 있겠지만 벌들은 춤을 추는 것으로 동료들에게 먹이와의 거리 방향 각도 등을 정확하게 알려 준다. 상호 교신한다는 점에서 근본적인 우열을 가리기는 어려울 듯하다. 편안한 침대와 달콤한 포도주를 즐기는 것은 인간의 입장에서는 고도의 문명이라는 생각을 하겠지만 어떤 생물이든 그들은 각자에 맞는 먹이를 먹고 적정한 휴식을 갖는다. 일단 유용성 측면에서 생각한다는 것은 생각하지 않는 것에 비해서 압도적으로 훌륭한 수단이라고 생각되지 않는다. 그렇다면 생각한다는 것은 생각하지 않고도 이룰 수 있는 여러 가지 다양한 생존 기능들 중 하나로 보인다. 생각하는 것은 인간만의 독특한 영역이 아니지만 인간만의 독특한 영역이라 해도 우리가 생각하는 것만큼 대단한 것은 아니다. 생각한다는 것이 대단하다는 생각은 생각하는 인간의 생각일 뿐이다. 또한 생각하는 것이 인간에게 축복인 것만은 아니다. 인간은 생각을 통해 번민하고 좌절하며 고통을 받는다. 심지어는 자신의 목숨을 버리는 경우도 있다. 그래서 생각하는 것은 대단한 것도 아니며 축복받은 것도 아니지만 인간은 생각하는 존재이기 때문에 생각하는 것 이외의 대안을 가지고 있지도 않다. 또한 생각하는 것을 생각하는 것으로 생각할 수밖에 없으며 언어를 언어로 비판할 수밖에 없는 함정에서 벗어날 수 없다. 그런 함정에 빠진 존재가 스스로 우월한 자부심을 갖는다는 것은 우리 몸속에서 편안한 생활을 누리는 대장균이 스스로 가장 행복하고 위대한 존재라고 여기는 행위와 하나도 다를 바가 없을 것이다. 생각하는 힘으로 인간은 가장 위대한 존재가 되었는가? 먹이사슬의 가장 윗자리를 차지했는가? 인간이 가장 위대하다는 것이 다른 동물들을 멸종시킬 수 있고 사냥하고 사육해서 그들을 섭취할 수 있기 때문이라면 인간이 위대하다는 것에 동의하기 어렵다. 최근의 코로나 상황에서 눈에 보이지도 않는 박테리아보다 작은 바이러스로 인해 세계가 마비된 것을 누구나 보고 있다. 인간은 언제나 바이러스나 세균에 의해 감염되고 죽고 분해되고 만다는 사실을 절감할 뿐이다. 또한 인간의 몸속에는 세포 수만큼 많은 세균이 기생해서 살고 있으며 그들이 보기에 인간은 그들의 삶의 터전을 제공하는 숙주로 여겨질 수도 있다. 생각하는 것이 무엇인지 답을 내릴 수는 없었다. 생각하는 것을 생각해서 답을 내야 하기 때문에 생각이 생각의 답을 내는 것은 어떤 정보나 지식이 될 수 없기 때문이다. 생각하는 것, 그것은 우리가 생각하는 만큼 별것은 아니니다.

2.4 수학이란 무엇인가?

　인간이 안다고 하는 것이 인간에게는 대단한 일로만 여겨진다. 인간만이 이성적인 사고 활동을 할 수 있다는 것은 다른 말로 하면 인간만이 사고 활동을 한다는 뜻이다. 인간만이 할 수 있고, 인간만이 한다고 하는 것은 인간에게는 의미 있고 놀라운 일처럼 여겨질 수 있지만 인간을 벗어나서는 별다른 의미를 가질 수 없다. 안다고 하는 것은 바람이 불고, 눈이 오는 일처럼 자연에서 벌어지는 한낱 해프닝일 뿐이다. 그렇다고 하더라도 인간 이성의 작용 중에 수학이라는 것은 좀 더 다른 영역에 속해 있지 않을까? 수학은 자연을 이해하고 인간의 언어를 뛰어넘는 미지의 영역을 탐사하는 안내자가 될 수 있을까? 감옥에 있는 이성이 외부 세계를 엿볼 수 있는 유일한 통로가 될 수 있을까? 수학이란 학문을 정의하는 것은 쉽지 않다. 오히려 지금까지 해온 수학적 활동과 결과의 총칭을 수학으로 정의할 수 있을 것 같다. 수학이란 수학적 활동과 결과의 총칭이라는 것은 순환적이며 의미를 찾기 어렵지만 사실 수학만이 아니라 모든 종류의 개념들이 순환적 증명밖에 할 수 없는 것이 언어의 한계이며 수학을 정의하기 어렵다는 방증으로 이해된다. 그럼에도 수학에서 기본이 되는 것이 '수'라는 사실을 부정하기 어렵다. 한때 철학자들과 수학자들은 '수' 또는 수학이 자연의 법칙에 닿아 있거나 신의 영역에서 나왔다고 생각했다. 수는 인간에게서 나온 것이 아니라 이미 있는 수를 인간이 발견해 낸 것으로 이해했다. 또는 인간의 이성에 선험적으로 주어진 것으로도 이해했다. 자연은 온통 수와 수학으로 이루어져 있기 때문에 인간이 수와 수학을 통해 자연을 이해하는 것은 당연한 것으로 생각했으며 자연과학에서 이루어진 수학의 놀라운 성과로 인해 반박하기 어려운 유일한 진리의 출발점이며 도구라는 인식이 있다. 수는 자연에서 있는 것일까? 아니면 인간의 언어처럼 인간의 편의에 의해 만들어진 것일까? 자연을 보면 한 사람 두 사람 셀 수 있는 것처럼 보이고 물질의 기본인 원자도 하나, 둘, 셋 셀 수 있는 것처럼 보인다. 그러나 사실 물질이란 것은 셀 수 있는 것은 아니다. 사람은 수십조 개의 세포로 이루어져 있지만 인간이 보기에는 한 사람처럼 보이고, 인간을 구성하는 세포도 다양한 조직으로 구성되어 있다. 물질의 기본이라는 원자도 양성자, 중성자, 전자 등으로 이루어져 있다. 양성자는 쿼크로 이루어져 있으며, 쿼크는 무엇으로 되어 있는지 모른다. 또한 물질이란 것이 공간을 차지하고 있는 것인지에 대해서도 확정할 수 없다. 어떤 것을 하나로 보는 것은 그 물질이 하나이기 때문이 아니라 인간의 눈으로 식별되는 것을 하나로 보는 것이다. 우주에는 어떤 것도 '하나'가 없다. 원자라는 상태를 원자로 부르고 하나의 원자로 인식하는 것은 단지 사람의 설정이다. 쌀 한 톨은 수많은 분자로 구성되어 있고, 사과도 마찬가지이다. 나뭇잎은 원자로 구성된 세포와 세포로 된 다양한 조직을 가지고 있다. 나뭇잎은 하나로 분류될 수 없는 일시적 현상이며 분류될 필요가 없다. 사람은 분류 작업을 통해 언어를 만들었듯이 분류를 위해 수를 필요로 했다. 그러나 자연은 인간의 수와는 관련이 없다. 자연은 셀 수 있는 구조가 아니다. 자연에 쌀과 나뭇잎이 따로 존재하는 것이 아니다. 쌀과 나뭇잎은 인간의 감각에 의한 분류에 의해 만들어진 것이다. 또한 자연에는 원이나 대각선이 없고, 집합이나 확률도 없다. 그러므로 수는 인간의 인간에 의한 인간을 위한 것이다. 또한 수와 수학적 도구, 논리 등은 자연을 들여다보고 자연과 소통할 수 있는 어떤 신비한 것이 아니다. 수학은 인간에게는 편리하고 유용한 도구이지만 인간의 감각과 뇌의 처리 작용에 의해 만들어진 것이며, 뇌와 이성은 감옥에 갇혀 있고, 수학은 감옥에서만 통용되는 언어와 같은 것이다. 수학은 인간의 감각 기관에 의존하는 것이다. 논리학에서 사용되는 논리 중 대표적인 삼단 논법이 있다. 대표적으로 정언 삼단 논법으로는 '모든 사람은 죽는다, 소크라테스는 사람이다, 그렇다면 소크라테스는 죽는다.'라는 말로 알려져 있다. 모든 사람은 죽는다는 것 속에 소크라테스가 죽는 것도 포함되어 있다. 따라서 삼단 논법은 새로운 사실을 말하고 있지 않으며 진리를 확장하고 있지 않다. 또한 모든 사람이 죽는다는 것은 우리의 감각 기관이 관찰한 것을 토대로 한다. 이런 점에서 모든 논리의 출발은 감각 기관에서 출발하는 것이며 수학 역시 출발은 감각 기관에서 연유되는 것이다. 어떤 식의 복잡한 논리와 현묘한 이론이 있다 하더라도 모든 전제가 감각 기관에서 출발한다는 사실은 변함이 없다. 그리고 우리는 감각 기관과 뇌, 언어가 감옥으로 되어 있다는 사실을 알고 있다. 수학이라는 것 역시 감옥 속에 있는 것이라면 수학을 이용한 과학이라는 것 역시 자연과 소통할 수 있는 학문일 수 없다는 사실을 말해주고 있다. 많은 과학자가 과학의 정당성에 대한 논의를 계속하고 있지만 과학이 진리의 근거가 될 수 있다는 실마리를 찾지 못한 것은 바로 이 점 때문이다. 감옥에 갇힌 인간은 언어를 통한 언어 비판, 논리를 통한 논리 비판, 이성을 통한 이성 비판 외에 다른 방법을 갖지 못한다. 한계를 인지하는 것, 아는 것이 없다는 스스로를 인정하는 것, 자신의 앎이 별것 아니라는 사실을 깨닫는 것, 그것이 가장 큰 깨달음이고 학문의 최고봉이다.

2.5 정의(Definition)

학문의 근거와 지식을 쌓는다는 것의 의미에 대해서는 뒷부분의 문명론에서 언급이 있을 것이다. 여기에서는 무엇인가를 정의 내리는 것에 대해 간략히 다룰 것이다. 무엇인가를 무엇이라고 말하는 것을 정의 내린다고 한다. 정의를 내리는 것은 주로 각 분야의 학자나 정치인 등 전문가들의 영역으로 되어 있다. 생명에 대한 정의, 인간에 대한 정의, 사랑에 대한 정의, 법에 대한 정의, 복지에 대한 정의, 구원에 대한 정의 등 정의를 통해 사람들이 사용하는 각각의 말에 대해 뜻을 명확히 하고 그 말의 사용에 한계를 그어준다. 그러나 어떤 정의가 됐든 하나의 정의만이 있는 것은 결코 없다. 평등에 대한 정의를 예로 들자면 어떤 사람들은 능력에 따르는 것을 평등이라고 생각하고, 다른 사람은 기회에 따르는 것을 평등이라고 하기도 하며, 또 다른 사람은 결과의 평등을 평등이라고 할 수 있다. 그 외에도 평등이라는 말에 대한 정의는 수도 없이 많이 있을 수 있다. 신이라고 하는 말의 정의도 사람들 마음속에 품고 있는 신의 개념이나 정의는 결코 하나가 아니고 동일하지도 않다. 어떤 이는 자연법칙을 신이라고 하고 다른 이는 원인의 원인인 제1

원인을 신이라고 하고, 어떤 이는 우주를 창조한 특정 신을 신이라고 생각한다. 그리고 어떤 이는 신이란 정의할 가치가 아예 없는 허구적인 것이라고 여긴다. 때로는 살아 있는 특정한 사람을 신이라고 여기고 그 살아 있는 신의 모습으로 신을 정의하기도 한다. 또 다른 예로 우주는 무엇인가를 정의할 때 창조론적 우주론을 지지하는 사람들은 신이 인간을 위해 말로 만든 것이라 할 수 있고, 과학적 우주론자들은 알 수 없는 특이점이 폭발하듯 확장되어 오늘에 이른 것이라 할 수 있고, 제3 우주론을 지지하는 사람들은 우주는 인간이 만들어 낸 감각의 산물이라고 정의할 수 있다. 이렇듯 말 하나에 단일한 정의가 있는 것이 아니기 때문에 사람들 간의 소통은 생각만큼 쉽지 않다. 대화를 통해서 해결하면 될 것 같지만 대화에서 사용하는 뜻이나 정의가 각기 다르기 때문에 자신의 말만 계속해서 할 뿐 이견이 좁혀지기 어려운 것이 대화의 한계일 수 있다. 사실상 정의(Definition)는 각 개인의 성장 과정이나 사상적 배경에 의해 각기 다르게 각인되어 있다. 자본주의와 공산주의는 정의(Justice)에 대한 정의(definition)가 달라 반목하고 대결한 것일 수 있다. 모든 사람이 정의(Justice)를 외치는데 아직도 정의가 실현되지 않은 것은 정의(Justice)에 대한 정의(Definition)가 단일하게 이루어지지 않았기 때문이기도 하다. 그러나 소통을 단일화하기 위해 정의(Definition)를 하나로 통일하는 것은 정의가 다양하게 사용되는 것 못지않게 커다란 문제를 일으킬 수 있다. 개인의 다양한 사상이 제한될 수 있기 때문이다. 또한 지금까지 그래왔듯이 누군가 힘을 가진 사람이 정의를 내리는 것을 독점하게 되면 전체주의 국가처럼 하나의 방향으로 모든 것이

쏠리게 되고 견제와 균형이 무너지게 된다. 그러므로 정의에 대해서 열린 마음이 중요하다. 그리고 이성의 감옥을 이해하는 것이 무엇보다 중요하다. 많이 아는 것이 중요한 것이 아니며 안다는 것이 사실 중요하지 않다는 것을 이해하는 것이 열린 정의의 출발점이다. 인간의 앎이란 것이 모래 위의 성처럼 가벼운 것이기 때문에 인간은 사실상 아무것도 모른다는 것을 이해하는 것이 정의에 대한 생각의 출발점이어야 한다. 인간의 앎이 보잘것없는 것이기에 누구든 정의 내리는 것에 참여할 수 있다. 그러나 정의 내리는 것에 참여하는 사람들은 자신의 정의조차 옳지 않을 수 있다는 것, 자신의 정의가 많은 무지의 정의 중 하나라는 것을 반드시 인식해야만 한다. 자신의 무지로 정의를 내리는 것보다 더 나쁜 것은 아무 의심 없이 다른 사람들의 정의를 옳은 것으로 받아들이는 것이다. 이런 사람들과는 아무런 대화도 이루어지지 않는다.

3.
생명론

– 생명이란
말은 쉽게 하지만
생명은 쉽게 정의되지 않는다.
모든 생명은
무생물인 원자로
구성되어 있기 때문이다

3.1 생명에 대하여

　생명이 무엇인가에 대한 질문은 당연한 것에 대한 뜬금없는 질문으로 여길 수 있겠지만 현대 생물학에서도 생명에 대한 정의를 쉽게 내리지 못하고 있다. 전편 정의(Definition)에서도 언급했지만 모든 것에 있어 단일한 정의는 존재하지 않으며 생명에 대한 정의도 역시 단일하지 않다. 창조적 우주론에서는 신이 만든 창조물이라고 말할 수 있겠지만 과학적 우주론을 가진 과학자들도 생명의 정의에 대해 합의를 보고 있지 못할 만큼 어려운 과제 중 하나라고 할 수 있다. 여기에서는 제3우주론에서 생명을 어떻게 보고 있는지에 대해 이야기할 것이다. 생명이란 무엇인가의 물음 뒤에는 생명이 생명 아닌 것과 어떻게 다른 것인가에 대한 강한 질문이 포함되어 있다. 비교적 최근까지도 살아 있는 모든 것에는 영이 깃들어 있다는 설명으로 통했겠지만 요즘 생명과 생명 아닌 것을 구분하는 데에 영적인 기준을 들이미는 사람들은 비과학적이라는 이유로 비웃음을 받을 것이다. 생명에 대한 설명이 어렵다고 해서 생명이라고 하는 것들의 여러 특징들을 전부 나열하는 것으로는 생명에 대한 정의라고 하기가 어렵고 상호 공통점을 찾기도 어렵다. '에너지 대사를 하는 것이 생명이다'라는 그럴듯한 정의도 생명에만 적용하기에는 무리가 있다. 생명이 아닌 것으로 여겨지는 불도 에너지 대사를 하고, 지구 전체도 에너지 대사를 하며, 도시도 유기체적인 에너지 대사를 하고 있다. 생명이라고 부르고 있는 것만이 할 수 있는 단일한 공통점은 아직 확정되지 못한 듯하다. 여기에서는 생명과 무생물에 대해서 세 가지 방식으로 접근해 볼 것이다. 나는 이것을 '생명에 대한 세 가지 역설'이라 부르겠다.

첫 번째는 '무생물의 역설'로 생명과 무생물의 구분에 관한 것이다. 생명의 기본은 세포로 이루어진 것으로 알려져 있다. 그러나 모든 세포는 원자로 이루어져 있다. 원자 → 분자 → 세포 → 기관 → 사람이라는 도식이 성립한다면 일단 세포부터는 생명으로 여겨진다. 단세포라 해도 단일한 생명으로 여겨지고 있으니 세포가 생명이 아니라고 말할 수는 없다. 세포는 모두 원자로 구성되어 있다, 기관도 전부 원자로 구성되어 있다. 사람도 모두 원자로 구성되어 있다. 그러나 모든 생명을 구성하고 있는 원자는 생명이 아니다. 그렇다면 세포도, 기관도, 사람도 모두 생명 아닌 것으로 구성되어 있다는 역설 아닌 역설이 가능하다. 일단 생명은 100% 생명 아닌 것으로 구성되어 있다는 것만큼은 틀림없다. 그런데 어느 순간부터는 생명이라고 말하는데 그 '어느 순간'을 포착하는 일은 아직 성공적이지 못한 듯하다. 영혼이 있으면 간단하다. 100% 무생물로 구성된 어떤 물체가 영혼, 또는 어떤 영적 기운에 의해 생명이 된다는 것인데 검증할 수 없을뿐더러 검증해야 할 만큼 가치 있는 주장도 아니다. 비록 인류의 반 이상이 아직도 생명의 근원이 영혼이라고 믿고 있기는 하다. 그렇다면 영혼은 또 무엇이냐는 질문이 이루어져야 하고 '영혼은 생명을 생명으로 만드는 기운'이라고 대답할 것이다. 이때는 순환적인 오류에 빠진다. 생명은 영혼으로, 영혼은 생명으로 증명하는 그릇된 증명방식이다. 생명이 무생물로만 이루어져 있다고 해서 생명을 무생물이라고 하거나 생명과 무생물에 대한 구분을 하지 않아야 한다는 것은 아니다. 여전히 인간에게 생명과 무생물의 구분이 필요한 한에서는 말이다. 부르는 것은 뭐라 불러도 좋지만 생명이라는 것이 무생물과 다른 어떤 것은 아니다. 나트륨과 염소가 합해지면 그것을 소금이라고 부른다. 원자의 입장에서는 아무 변화가 없지만 사람이 보기에는 다르다. 이전에 나트륨과 염소에서는 경험하지 못한 새로운 성질이 있는 것 같고, 그런 성질을 인간이 이용하고 있기 때문이다. 사람을 생명이라고 부르는 것도 이와 다르지는 않은 것 같다. 원자들이 합해져 있다. 이것들이 아주 다양한 분자 구조들을 만든다. 그 다양한 분자들이 어우러져 있는 것을 생명이라거나 사람이라고 부른다고 해서 이상하지 않다. 그러나 생명이 무생물과 다른 어떤 것이 아니고 무생물들이 모여 있는 어떤 현상에 대해 사람이 이름 지은 것에 기반한 개념이라는 것은 변함이 없다. 나트륨과 염소가 합해진 것에 대해 사람들이 짠맛을 느끼고 소금이라 부르는 것과 다르지 않다.

두 번째는 '더미의 역설'이다. 쌀 한 더미에서 쌀 한 알을 빼내도 여전히 한 더미로 남아 있다. 이런 과정을 계속 반복해서 쌀이 열 알 남았을 때 다섯 알 남았을 때, 두 알 남았을 때, 마지막으로 한 알 남았을 때 언제부터 더미라는 말을 하지 않을 수 있느냐에 관한 문제이다. 또는 한 알 두 알 쌀을 쌓아 갈 때 언제부터 더미로 부를 수 있느냐에 관한 문제이다. 쌀은 쌀이고, 쌀더미는 쌀이 아닌 무엇이 아니다. 수량이 변하든 물리적인 어떤 값이 변하든, 또는 화학적인 결합이나 분해가 이루어지든, 원자들이 원자인 것은 여전히 맞지만 어떤 정도의 변화가 있을 때 그것의 이름을 바꿔 부르느냐의 문제는 순전히 인간의 문제이고 인간끼리 합의의 문제일 뿐이다. 언제부터 다른 이름으로 불러도 좋을지에 대한 합의의 문제가 더미의 역설이다. 더미라는 말을 없애면, 더미의 역설은 사라진다. 그러나 더미 대신 몇 알의 쌀이라고 정확한 숫자를 부르는 것은 편리하지 않다. 인간이라고 하지 않고 이런저런 모습을 보이는 원자들이라고 할 수 있지만 역시 편리하지 않다. 생명이라는 것을 정의하지 못하는 이유가 여기에 있다. 생명이라는 것이 따로 있지 않기 때문이다. 생명은 인간의 합의에 따라 편리하게 만들어진 단어이기 때문이다.

세 번째는 '언어의 역설'이다. 언어는 편리한 도구라고도 할 수 있다. 그러나 언어를 사용하는 사람들이 쉽게 빠지는 함정이 있다. 언어라는 것이 있으면 그에 대응하는 실체나 본질이 있다는 생각이다. 정의 (Justice)라는 단어가 있으면 정의라는 어떤 것이 있어서 우리 꼭 도달해야 할 어떤 것이라고 생각할 수 있고 사랑이라는 말이 있으면 진정한 사랑에 대해 이런저런 설명을 시도하고 그것을 추구하려는 노력도

한다. 정의나 사랑 같은 막연하고 추상적인 것은 몰라도 생명은 적어도 확실히 있다는 생각은 대부분의 사람이 갖고 있다. 더 나가서 생명으로서 사람이라는 것은 눈으로 볼 수 있고 지각할 수 있으므로 더 확실하게 존재한다는 믿음을 갖고 있다. 언어가 없으면 생각도 할 수 없고 표현도 할 수 없으며 상호 소통도 하지 못하기 때문에 언어가 있다면 그에 상응하는 실체나 본질이 있다고 생각하는 것은 삶의 자연스러운 현상이기도 하다. 그러나 더미라는 말이 사라지면 즉시 더미의 실체나 본질이 사라지듯이 생명이나 사람이라는 단어가 사라지면 생명이나 사람도 즉시 존재가 소멸된다. 말이 없어도 실체는 여전히 있을 것이라는 생각은 우리의 믿음이다. 생명이라는 말이 없으면 생명에 대한 정의(Definition)를 시도할 이유가 없으며 생명이라는 것이 머릿속에 들어오지 않으며 생명이 눈에 보이지 않는다. 생명은 사라지게 된다. 생명이 원자들의 이런저런 결합이며 원자들이 일정하게 활동한 기간을 뜻할 수도 있지만 원자라는 말이 사라지면 원자의 실체도 사라지게 된다. 우리는 언어를 통해서 언어의 문제점을 이야기해야 한다는 한계에서 벗어날 수 없기 때문에 존재가 없어진다는 사실마저 존재라는 단어를 통해 설명해야만 한다. 언어를 통해 실체를 설명하지만, 실체는 언어에 의해 만들어진다는 것이 언어의 역설이다.

생명이라는 말이 있기 때문에 생명이 있다고 여긴다면 생명은 분명히 생명 아닌 것과 다른 것이 되고 영혼이라는 것을 집어넣어서라도 생명을 생명 아닌 것과 구분 지어 설명하려는 잘못된 시도가 이어진다. 신이라는 말이 있기 때문에 신에 대한 이런저런 개념을 이야기하고 신의 존재 증명과 같은 형이상학적인 시도들도 이어진다. 사람들의 인식 과정은 이렇다. 어떤 상황들을 반복적으로 지각하고 그것을 지칭하는 말을 만들어 사용하고 소통한다. 사용되고 있는 말에 해당하는 실체와 본질을 추구한다. 그 말에 해당하는 존재가 당연한 것으로 받아들여지고 끝없이 응용하고 또 다른 말을 만들고 또 다른 실체와 본질을 만들어 낸다. 인간의 이런 인식 과정은 인간에게 유익한 면이 있기 때문에 지속적인 작용을 해 온 것이다. 그러나 인간에게 유익할 뿐이지, 말과 동일한 실체나 본질이 있다고 믿는 것은 함정에 빠지는 일이다.

앞서 태양의 존재 유무에 관해 이야기했지만 태양을 만든 것은 신도 아니고 빅뱅도 아니고 인간이듯이, 생명을 만들고, 사람을 만든 것 역시 사람일 뿐이다. 모든 것을 만든 것이 사람이고 사람도 사람이 만들었다. 이것이 모순처럼 들리는 것은 언어에 의해 언어와 언어 관련된 실체들을 설명해야 하는 한계에서 어쩔 수 없는 상황이다.

3.2 진화론

생명이라는 것이 무생물의 한 형태라고 한다면 생명의 진화를 설명하는 진화론은 다시 생각해 볼 필요가 있다. 한때 다윈의 '종의 기원'을 읽고 깊은 감명을 받은 적이 있다. 방대한 관찰과 이를 통한 개개의 문제를 들여다보고 다시 통합하는 과정은 한 특별한 인간이 전 생애를 바쳐 인류를 위해 큰 선물을 했다는 생각이 들었다. 진화론은 큰 틀에서 생존하는 생명에는 살아남을만 한 이유가 있었다는 것이다. 살아남을 이유가 있었던 생명이 자신의 모습을 바꿔가며 살아온 과정이 진화이다. 그리고 생명이 자신의 모습을 바꾸는 과정에 개입하는 것은 자연이다. 개체 간의 변이가 생겼을 경우 어떤 종을 선택할 것인지는 자연이 결정한다는 뜻이다. 환경에 가장 적합한 종이 살아남아 생존과 변화를 지속한다. 즉 살아남을 만한 이유라는 것은 자연환경에 적합한가 그렇지 않은가에 달려 있다.

그렇다면 진화론은 생명에만 적용될 수 있는 것일까? 아주 오래전 커다란 화산이 폭발했다. 용암이 흘러내려 굳어서 큰 바위산이 형성되었다. 시간이 흘러 그곳에 눈이 오고 쌓여서 커다란 빙하가 쌓이게 되었다. 그리고 빙하가 쌓이고 녹는 과정을 거치면서 바위가 돌멩이가 되고 돌멩이는 빙하의 물에 쓸려 계곡을 거쳐 흘러 강으로 가면서 자갈이 되었다. 그리고 다시 바다로 가면서 마찰을 거듭해 모래가 되었다고 하자. 이들 바위와 돌멩이와 자갈과 모래는 환경에 부딪히고 내맡기면서 현재의 모습이 되었다. 자연의 선택을 받아 현재의 모습이 된 것이다. 빙하가 생기지 않은 곳에서는 바위로 남을 수 있었고, 물이 흐르지 않은 곳에 있던 돌멩이는 자갈이나 모래로 변하지 않고 돌멩이로 남을 수 있었다. 다윈은 생명이 무엇인지는 모르지만 생명은 당연히 있는 것으로 믿었다. 그 시대 누구도 그렇게 믿었으며 특히나 생명은 신이 창조한 것이라는 것을 의심하지도 않았다. 따라서 다윈은 당시의 눈으로 생명의 다양성에 대한 문제에 천착했을 수 있다. 그리고 생명의 다양한 모습에 자연이 개입했고 자연환경에 적정하지 않은 것은 그대로의 모습을 유지하지 못하고 변화를 계속했으며 그 변화가 쌓여 오늘날 다양한 생명의 모습들이 있다는 점을 설명할 수 있었다. 또한 신이 종의 변화 없이 지금 있는 종들을 하나하나 창조했다는 기독교적 믿음의 허구를 밝혀낸 계기가 되었다. 그러나 생명만이 아니고 생명이 아닌 것에도 자연은 개입한다. 삼라만상의 현재 모습은 자연 개입의 결과이다. 따라서 진화론은 생명에 관한 주장만으로 한정 지을 수 없다. 또한 생물학적으로 다루어질 필요도 없을 것이다. 더 나가서는 하나의 이론일 필요도 없을 것이다. 모든 현상에 자연이 개입해 있고 현재의 모습이 자연의 환경에서 걸러진 것이라는 것은 하나의 이론이 되기에는 지나치게 당연한 것이기도 하다. 생명이라는 것이 생명 아닌 것과 엄격히 구분된다면

생명의 진화라는 것이 나름의 의미를 가질 것이다. 그러나 생명과 생명
아닌 것이 차이를 갖기 어렵고 생명과 생명 아닌 모든 것에 자연의 개입
이 있다면 생명의 진화라는 말은 더 이상 의미를 갖지 못한다. 지구상
가장 위대한 이론으로 평가받는 진화론은 모든 것은 있을 만해서 있는
것이라는 다소 생뚱맞은 이야기다.

4.
문명론

– 문명과 지식은
효용성 높은
성과물이 아니다

4.1 문명의 유용성

인류문명은 발전을 거듭하고 그 발전 속도는 더 빨라지고 있다. 불과 30년 전 생활과 지금의 생활을 비교하면 많은 것이 달라졌다는 것을 알 수 있다. 천 년 전과 비교해 보면 더 말할 나위도 없다. 이런 발전의 내용이나 방향은 한가지의 주제로 요약될 수 있다. '고통을 줄이고 욕망의 충족을 늘리는 것'이다. 역사적인 사례를 보더라도 고통을 더 늘리고 욕망을 자제하는 방향의 사회는 발전할 수 없었고 정체되거나 구성원들의 동의를 잃고 도태될 뿐이었다. 따라서 문명이란 인간의 욕망 충족을 늘리려는 활동과 그 결과물들이라고 할 수 있다. 호모사피엔스의 등장 이후 수만 년간 인간은 고통을 줄이고 욕망을 극대화하는 한 가지 일을 해왔다고 말해도 잘못된 주장이 아니다. 물론 인류 전체가 함께 노력을 기울인 것이 아니고 개인이 자신의 욕망 충족을 위해 노력해 왔기 때문에 경쟁에서 밀려난 사람들의 욕망 충족 달성은 낮았을 것이고 경쟁에서 이긴 사람들은 과도한 욕망 충족의 기회를 누렸을 것이다. 욕망 충족의 불균형은 경쟁의 결과로 왔지만 새로운 경쟁을 부추기면서 사회변화의 역동성을 가져왔다. 인류 역사를 통해 모든 인간들이 욕망 충족을 위해 노력해 왔음에도 오늘의 우리가 만 년 전 인간이나 천 년 전 인간들보다 고통이 더 적고 욕망이 더 충족된 생활을 하고 있는지에 대해서는 확신하기 어렵다. 그 이유는 오래전 살던 사람들의 의견을 듣고 현대 생활과 비교하는 것이 불가능하기 때문이다. 또 많은 인류학자나 사회과학자들의 연구 결과에 따르면 인간은 끊임없이 자신과 타인을 비교하면서 채워지지 않은 더 많은 욕망을 만들어 내고 있기 때문이다. 그로 인해 기본적인 욕망이 채워져도 충족감은 늘지 않고 갈증만 더 커지고 있기도 하다. 나의 욕망과 타인의 욕망이 충돌하는 경우 상대를 눌러야 나의 욕망이 충족되고 나의 욕망 충족이 타인의 고통을 만들어 내는 인간사회의 기본 구조도 여전하다. 추정일 뿐이지만 과거 일만 년 전보다 지금의 사람들이 더 많은 비율로 자살이라는 방법을 통해 스스로의 삶을 끝내고 있을 것으로 생각된다. 문명의 발전과 인간의 욕망 충족도(욕망 충족/기대 수준)증가의 관계는 밀접한 함수관계를 가지고 있지는 않은 것 같다. 문명의 발전은 인간의 욕망 충족을 다소 올리고 있지만 기대 수준을 높이는 데에 더 크게 기여하고 있다는 생각이 든다.

우리의 문명이 10배 정도의 성장을 했을 때 우리의 욕망 충족으로부터 오는 만족감은 두세 배 정도 성장하는 것 같다. 반면 욕망의 기대 수준은 문명의 성장 정도와 같은 궤적을 가고 있는 듯 보인다. 정량화하기 힘든 부분에 대해 막연한 추정으로 말한 것이지만 문명의 욕망 충족에 대한 효율성은 인간의 기대만큼 충분한 만족감을 주는 것에 사실상 실패한 것으로 보인다.

만일 문명의 발전이 인간의 욕망 충족에 크게 기여하지 못하고 인간의 욕망에 대한 기대 수준만을 올려놓는다면 문명이라는 것을 계속 발전시켜야 하는 이유가 없을 것이고 문명을 대신하여 인간의 욕망 충족도를 높일 새로운 방법을 고민할 필요가 있다.

한편 문명의 발전에서 지식의 축적을 따로 떼어 놓고 생각할 수 있다. 지식의 연구와 축적의 목표는 인간의 알고자 하는 욕망을 충족시키는 것이다. 문명의 발전이라는 것도 이런 알고자 하는 욕망으로 추동된 것으로 보인다. 인류 초기에 비해 현재 인간의 앎, 지식은 상상하기 어려울 정도로 쌓여 있고 보편화 되어 있다. 하지만 인류 초기에 비해 지식정보의 양은 수십억 배 이상 늘어났다고 할 수 있다. 그런데 인간의 지적 갈증은 예전의 사람들보다 더 적어진 것 같지 않다. 지식과 정보의 양이 수십억 배 늘었음에도 지식에 대한 갈증이 전혀 해소되지 않고 더 많은 것을 요구하는 이유는 무엇인가? 문명의 효율성이 낮은 것과 같이 지식의 효율성도 높지 않기 때문이다. 지식의 효율성이 높지 않은 것은 지식이 쌓일수록 더 높은 수준의 지식을 알고 싶기 때문이다. 지식이 지식에 대한 기대 수준을 높인다는 의미에서 문명과 인간의 욕망 간의 관계를 닮았다. 인간은 수천 년간 질문해온 것들에 대해 여전히 질문하고 있고, 해답을 내놓지 못하고 있다. 즉, 인간이 무엇인지, 신은 무엇인지, 우주는 무엇인지, 물질은 무엇인지에 대해 인류는 아직도 합의된 답을 가지고 있지 않다. 수만 년, 수천 년 전에도 물어왔을 기본적인 질문에 대해서 아직도 질문하고 있다는 것은 지식의 양적 증대가 인류의 기본문제에 대해 도움이 되고 있지 못하다는 것을 말해준다.

지식의 전제 조건들에 대한 해답 없이 생활의 편리함을 촉진하는 하위지식들이 쌓여가고 있는 것에 대해서는 다음 장 '학문의 근거들'에서 더 자세하게 짚어볼 것이다. 우리가 믿어온 문명의 발전이나 철학과 과학적 지식의 산출은 놀랍게 여겨진다. 우리가 문명 이전의 과거로 돌아갈 선택을 절대로 하지 않을 것으로 보인다. 그럼에도 우리가 제대로 가고 있는지 어디까지 왔는지를 묻는다면 옳은 방향으로 목적에 접근하고 있다는 결론을 내놓기는 어려울 것 같다. 우리의 문명과 지적 추구 활동이 인간이 목표로 하는 욕망 충족, 세상에 대한 이해 증대라는 기본목적의 성취에 적합한 도구가 아닐 수도 있다는 반성을 하게 된다. 우리는 새로운 문명을 합의해야 한다.

4.2 학문의 근거들

　문명과 지식의 효율성(투입된 활동 대비 욕망의 충족이라는 목적 달성 결과)이 낮은 이유는 무엇인가? 그리고 문명과 지식의 목적 대비 효율성이 지극히 낮은 정도임에도 인간 스스로 느끼는 자부심은 어찌 된 연유일까? 이에 대한 대답을 위해서는 문명의 산출 근원이며 추동력인 인간 이성의 결과물을 쌓아가는 학문이란 것이 어떤 것인지, 어떤 한계를 가진 것인지에 대한 검토가 필요하다.

　삶을 시작하고 이제까지 살아오면서 누구든 나름대로 추구해 오는 일이 있을 것이다. 내 경우에도 몇 가지 삶을 지탱하고 관통하는 키워드가 있다. 성적 만족감, 맛있는 음식 먹기, 사회에서 인정받기, 모험하기 그리고 나를 이해하고 정의 내리고 싶은 욕구 등이다.

　그중에서 나는 '세상과 나를 이해하고 정의 내리고 싶은 욕구'에 대한 해결을 위해 밥 먹는 시간이나 화장실에서 있는 시간보다 더 많은 시간을 책을 읽으며 보냈다. 많은 책을 읽으면서 한 가지 큰 깨달음이 있었다. 어떤 관련 분야가 됐든 당대 최고의 학자들이나 전문가들이 의외로 기초적인 개념에 대해 정의 내리지 못하거나, 이해하고 있지 못하다는 점을 스스로 밝히고 있다는 사실이었다. 여기서 기초적인 개념이란 이것을 모르고는 뒤에 연역되고 논증되는 모든 주장이 부질없이 스러지는 그런 개념들을 말하는 것이다. 많이 읽을수록 더 많이 아는 것이 아니고 우리가 알고 있는 것이 사실이 아니라는 것을 깨닫게 되는 앎의 역설에 빠져드는 느낌을 받게 되었다.

학자들이나 전문가들이 모른다고 하는 것들에 대해 예를 들자면 아래와 같은 것들이다.

물리학자들은 물질과 그 운동을 연구하지만 물질이 무엇인지 알지 못한다고 고백한다.

생물학자들은 살아있는 모든 것을 연구하지만 살아 있다는 것, 생물이 무엇인지 알지 못한다.

화학자들은 원자와 분자의 구조를 연구하지만 원자가 실재하는지에 대한 합의를 하지 못했다.

언어학자들은 우리가 별 불편 없이 사용하는 언어에 대해 정의하지 못하고 있다.

인류학자들은 인간에 대해 연구하지만 인간이 무엇인지 여전히 숙제일 뿐이다.

신학자들은 신을 연구하지만 신의 실재성은 물론 신이라는 개념이 무엇을 말하는지에 대해서도 각기 다른 말들을 하고 있다.

수학자들은 수가 무엇인지, 더구나 수학이 무엇인지에 대해서도 곤란한 입장을 가지고 있다.

아름다움을 추구하는 예술가들은 아름답다는 것이 무엇인지 알지 못한다.

이런 기초적이고 전제적인 개념에 대해서는 그냥 직관적으로 알고 있는 것으로 가정하고 이후의 논의를 전개하고 있다.

인간 자부심의 원천인 지식, 그리고 지식을 바탕으로 한 문명이란 것이 왜 그토록 취약할 수밖에 없는지에 대한 이유도 이런 사정(전문가들이 자신의 분야에 대한 출발을 가능하게 하는 전제에 대해 무지하다는 점)을 연유로 하고 있다.

신이 무엇인지 모르고 애초 존재하지도 않았다면 신에 대한 수백만 개의 논문이 있다 해도 우리가 그 논문을 통해 신에 대해 더 잘 알게 되었다고 말할 수 있을까?

나는 아니라고 생각한다.

물질이 무엇인지 모르고 물질을 연구하는 물리학자들이 아무리 어려운 이론을 내세워도 우리가 물질이라는 것, 또는 있다는 것에 대한 이해를 더 넓힐 수 있었을까?

나는 아니라고 생각한다.

아름다움이 무엇인지 모르고 아름다움을 추구하는 행위가 가능할까?

나는 아니라고 생각한다.

그럼에도 불구하고 물리학이든 신학이든 예술이든 그 효용성에 대해서는 정도와 성질의 차이가 있지만 여전히 인정받고 있다. 효용성이 있지만 그 효용성이 인간의 기본적인 욕망이나 알고자 하는 욕망을 결코 만족시키지 못해왔다는 점을 고려한다면 그 효용성의 한계는 분명해 보인다.

전문가들이 아닌 사람들만이 우리의 학문이 고도로 발전되어 인류가 무엇이든 할 수 있을 것이라는 막연한 믿음을 가지고 있다.

그러나 학문의 전제조건들은 2천 년 전이나 지금이나 여전히 오십보백보의 논쟁만 있을 뿐 아무런 해결책을 찾지 못하고 있다. '이성의 감옥'을 통한 이성 비판은 학문에 있어 왜 근본적인 해법이나 발전이 없었는지에 대한 명확한 이유를 밝혀주고 있다. 문명이란 무엇인가라는 대답은 그 토대를 무엇으로 쌓았는지 알지 못하는 상태에서 기둥을 세우고 서까래를 얹어 집을 지은 것이라고 말할 수 있다. 훌륭한 건물을 지었지만 바탕의 토대는 불확실하고 아무도 알지 못한다. 이제 인류는 인간의 욕망 충족이라는 본연의 역할에 적합한 문명과 지식을 토대부터 다시 쌓아 건설할 필요가 있다. 그 방법의 첫 번째는 모든 것을 의심하는 것이고 두 번째는 모든 것을 합의하는 것이다.

4.3 지식의 유용성

학문과 지식의 기본적 토대가 보잘것없고 다양한 가정과 직관의 바탕에서 자라나지만 책을 읽는 사람들이 생활의 유용성 이외에 아무런 것도 얻을 수 없는 것은 아니다.

우리 학문과 지식의 근본적 취약성을 이해하는 것은 우리가 삶의 지혜를 갖추는 가장 중요한 첫걸음이 될 것이기 때문이다. 가장 기본적이고 근본적인 것에 대한 답을 가지지 못한 인간들이 서로 나만이 옳다고 주장하는 일은 잘못된 일이라는 것을 알 수 있기 때문이다.

예를 들면 다음과 같은 것들이다.

- 인간이 무엇인지 모르는 사람들이 민족이나 인종을 나눠서 죽이고 다투는 일
- 신이 무엇인지, 실재하는지도 모르고 각자의 교리를 주장하며 서로 싸우고 죽이는 일
- 인간을 위해 무엇이 좋은 일인지 합의되지 못한 상황에서 이념이나 계파를 나누어 상대를 미워하고 반목하는 일
- 정의라는 것이 무엇인지 모르면서 몇몇 나라와 국민을 악마

화하고 몰아대는 일

- 내가 어떤 존재인지 모르면서 타인을 무시하고 자신의 의
  견만 주장하는 일
- 민족이 무엇인지 정의 내리기 어려운데 단일민족을 주장하
  며 타민족을 배척하는 일

우리 인간이 제대로 아는 것이 없다는 것을 알고 이해하는 것, 그리
고 안다는 것이 별것 아니라는 것을 이해하는 것은 우리를 무지에 의한
많은 분쟁과 다툼에서 구해내는 가장 중요한 열쇠가 될 것이다. 이것이
많이 배울수록 더 겸손해지고 확신을 갖기 어려워지는 이유인 것이다.
혹시 나만이 진리를 알고 있고 내 말만이 올바른 길이라고 주장하는 사
람이 있다면 더 물을 것이 없이 배울 것이 없고 지혜롭지 못하며 타인
들을 잘못된 길로 이끄는 자일 것이다. 또는 자신의 이익을 위해 타인
의 무지를 이용하는 사기꾼과 다르지 않은 자일 것이다. 알고자 하는
욕구가 없다면, 자신이 모르고 있다는 사실조차 알 수가 없다. 이천오
백 년 전 그리스 어느 신전에 적혀 있었다던 '너 자신을 알라'는 경구는
인간의 무지에 대한 인간의 자각을 말해주고 있으며 놀라운 지식이 넘
쳐나는 현대 문명사회에서도 여전히 삶의 지혜에 대한 출발점을 제공하
고 있다.

4.4 우크라이나 전쟁으로 본 불완전한 확신

인간의 지적 기반의 취약성으로 인해 우리가 믿어왔던 과학적 상식마저 정당화되기 어렵다는 점을 이야기했다. 그럼에도 현실적으로 우리 사회는 막연한 믿음, 근거 없는 예단들(나는 이것들을 불완전한 확신이라고 부른다)에 의해 잠식되어 있다. 허구적 기반에서 고착된 불완전한 확신들은 일부에서 일어나는 것이 아닌 우리 사회 전반에 걸쳐 촘촘하게 자리 잡고 있다.

최근까지 러시아와 우크라이나의 전쟁이 계속되고 있다. 세계 각국은 2022년 시작된 우크라이나 전쟁의 영향으로 식량, 에너지, 자원, 물류 등 여러 분야에서 큰 어려움을 겪고 있다. 당연히 전쟁을 일으킨 러시아에 대한 세계인의 적개심이 폭발했고 우크라이나에 대한 동정과 지원이 줄을 잇고 있다. 전쟁의 배경과 책임에 있어 러시아, 우크라이나, 미국 등 다양한 세력들에 대한 논의는 전쟁전문가나 정치인, 평론가에게 맡기고 우리가 쉽게 범하는 오류가 이 전쟁에 녹아 있는지 살펴보고 싶다.

우크라이나 전쟁을 이야기하기 전에 여러 국가 간의 힘의 작용을 언급해야 할 것이다. 일단 가장 강한 나라가 그렇지 못한 국가를 관리하고자 하고 강한 국가의 의사를 약한 국가에게 강요하는 것은 역사를 통해 늘 그래왔고 앞으로도 그럴 것이다. 힘이 약한 나라가 강한 나라에게 대항하는 경우가 있지만 그것은 강한 나라의 억압에 대항하는 것일 뿐이며 가만히 있는 강한 나라를 향해 자신의 의사를 강요하고 위협하는 약한 나라는 있을 수 없으며, 있다면 당연히 국가의 존속을 유지하지 못할 것이다.

미국과 러시아를 놓고 본다면 미국은 강한 나라이고 러시아는 약한 나라이다. 러시아가 핵을 보유하고 최고 수준의 미사일을 보유하고 있지만 전체적인 국력으로 본다면 러시아는 미국과 비교할 수 있는 나라가 아니라는 것은 누구나 동의하는 사실이고 심지어 러시아는 강대국으로 대우받고 있지도 못하다.

그런 러시아가 미국의 거듭된 경고와 위협에도 불구하고 전쟁을 일으킨 배경에는 미국으로부터의 억압이 있었을 것으로 보인다. 실제로 미국은 독일의 통일 과정에서 나토가 러시아 쪽으로 동진하지 않겠다는 약속을 했다고 알려져 있다. 그러나 동유럽 국가의 상당수가 나토에 가입했고 구소련의 연방이었던 국가들마저 나토에 가입하게 되었다. 당초 나토의 설립이 구소련 대항해 만든 조직이기 때문에 나토가 러시아와 국경을 맞대는 상황에 이르게 된 것은 러시아로서는 심각한 안보상의 우려를 할 수밖에 없는 상황이었을 것이다. 이런 러시아의 우려에도 불구하고 미국의 지원 아래 우크라이나가 나토 가입을 시도한 것은 전쟁의 단초가 되었다.

러시아와 우크라이나의 전쟁 배경에는 이런 문제 말고도 다른 많은 계기가 있었을 것이다. 미국과 러시아와의 관계 만이 아니라 러시아와 우크라이나 사이에도 강한 나라 약한 나라의 프레임이 작동했던 것이라면 우크라이나가 전쟁의 위험을 무릅쓰고 나토에 가입하려던 계기도 있었을 것이다. 그리고 러시아의 우크라이나에 대한 억압도 있었을 것이다.

전쟁의 원인은 복잡하고 오랜 역사적 문제가 누적되었을 수도 있고, 심각한 이익의 충돌도 있었을 것이다. 그러나 언제든 강한 나라가 국익을 제치고 정의를 추구하리라는 믿음은 환상일 뿐이다. 또 어떤 약한 나라가 국익을 제치고 악마의 짓을 할 이유가 있을 것이라는 것도 착시일 뿐이다.

어떤 나라가 됐든 악마적인 국가가 따로 있는 것은 아니다. 그럼에도 미국이나 그 우방국에서 미국에 대항하는 국가를 악마화하는 경우는 늘 있어 온 일이다.

러시아뿐만 아니라 북한, 이란, 이라크 등 미국과 대립하거나 대립했던 국가들의 경우 악성 국가로 치부되어 왔지만 이들 모두 약한 나라일 뿐 미국의 억압이 없다면 자국의 손해를 감수하며 미국에 대항할 이유가 없을 것이다.

북한을 제외한다면 이란, 이라크, 아프가니스탄은 물론 러시아도 미국과 우호적인 관계를 유지했던 국가들이지만 미국과의 이익이 배치되는 순간 인권, 부패, 독재 등 여러 이유로 악마화가 진행된다. 각 국가의 역사를 읽어보면 미국과 가까웠던 나라들이 어떻게 미국과 멀어지고 순식간에 악마화되는지에 대한 이해를 얻을 수 있을 것이다.

최근에는 미국과 좋은 관계를 유지했던 중국이 악마화되는 과정을 지켜보고 있다.

한국에서는 많은 사람들이 나쁜 과거의 기억으로 일본을 악마화하고 있기도 하다.

여기에서는 미국이 강하지만 나쁜 국가라는 것이 아니고, 러시아, 북한, 이란 등이 약하지만 좋은 나라라는 것도 아니다. 그리고 일본이 좋은 나라라는 것을 말하고자 함도 아니다. 손쉽게 아군과 적군을 구분하고 정의와 불의로 편을 가르고 그에 대해 확신을 갖는 사람들이 너무 많은 현실이 아쉬울 뿐이다.

태양이 존재하는지에 대한 사실의 문제조차 다른 의견이 나올 수 있을 만큼 우리의 지적 토대가 불확실함에도 불구하고 어떤 국가를 상대로 옳고 그름의 가치를 확신하는 행위는 끔찍한 전쟁의 원인을 감추거나 미화하고 정당화하는 또 다른 토대가 될 수 있다.

4.5 의심하는 것

　책의 저자들이 묻지 않고 그냥 넘어가는 부분이 있는데 그것이 상당히 중요하고, 그 책의 주장이나 논리의 근거가 되는 핵심 의제들인 경우가 많다. 수학이란 무엇인가(화이트헤드)를 읽으면서 수학은 무엇인가에 대해 알 수 있기를 바랬다. 그러나 책의 어느 부분에서도 수학이 무엇인지 말해주지 않았다. 그저 수학에서 다루고 있는 문제들에 대한 해설만 있었다. 사피엔스(유발 하라리)를 감명 깊게 읽었지만 사피엔스인 인간이란 무엇인지에 대한 질문과 고민이 담겨 있지 않았다. 가톨릭 교리서는 1,019쪽이나 되는 방대한 분량의 책이지만 신의 말씀이나 의도만 가득할 뿐, 신이 무엇인지, 어떤 경위로 신의 관념이 형성되고 변화해 왔는지에 대한 설명은 물론이고 교리가 형성되는 과정에 대해서는 아무 언급이 없었다. 코스모스(칼 세이건)에는 우주가 얼마나 크고 경이로운지에 대해 자세히 나와 있다. 우주의 시작과 형성, 그리고 그 안에서 생명의 탄생과정에 대한 이야기가 있었다. 그러나 역시 우주란 무엇인가에 대한 질문은 담겨 있지 않았다. 우주라는 것이 있고, 그 우주에 대한 다양한 설명을 이어갔을 뿐이다. 한국 역사(장두화)는 한국이란 무엇인지, 그리고 역사란 무엇인지에 대한 질문은 없었다. 한국의 선조 격인 고대 국가부터 이어져 온 다양한 왕조들을 설명하고 있다. 그 고대 국가가 왜 한국의 선조인지, 그 고대 국가를 한국의 선조국으로 분류하게 된 과정들은 생략되어 있다. 단지 있었던 몇 가지의 얘기를 하고 있다. 있었던 얘기를 하는 것이 역사인가? 동일한 사건이나 사실을 조선일보와 한겨레신문은 전혀 다른 일인 것처럼 보도하는 경우가 많다. 그때 있었던 일이라는 것도 누가 봤는지에 따라 어떤 생각을 가지고 있는 사람이냐에 따라 전혀 다른 기록이 나올 수 있다. 교과서 저자가 본 자료의 재생과정에 대한 이해 없이 그 내용을 외우는 것을 공부라고 여겨야 하는 현실에서는 비판적이고 창의적인 생각의 전개는 이루어질 수 없을 것이다. 좀 다른 관점의 책도 있다. 생명이란 무엇인가(슈뢰딩거)는 생명에 관하여 다룬 책이다. 과학자로서 유기체는 정확히 물리법칙을 따르고 있을 것이라고 설명하며, 생명은 음의 엔트로피를 먹고 사는 어떤 것으로 보인다고 주장했지만 자신의 의견을 확정하지 않았다. 그는 과학적 견해를 통해 생명에 대한 기존의 신비감을 벗기려 노력했지만 생명이란 것이 무엇인지에 대해 여전히 질문을 가지고 있다. 그는 끝내 생명과 생명이 아닌 것의 구분을 확정하지 못했다. 그의 결론은 기존의 생명에 대한 생각은 잘못되었다는 것이고, 생명이라는 것에 대해 모르겠다는 고백으로 들린다. 또 부분과 전체(하이젠베르크)는 양자 역학의 발전 배경과 과정을 자세히 설명하고 있다.

하이젠베르크는 양자 역학에 의해 칸트의 인과율이 무너졌음을 깨달았다. 그리고 있다는 것, 이해한다는 것의 의미에 대해 질문을 던진다. 하이젠베르크 역시 인간이 당연하게 받아들이는 것, 사고의 근본 규칙들인 인과율, 있다는 것의 의미, 이해한다고 하는 것의 의미가 우리가 생각하는 그것들이 아니라는 것을 말하고 있다. 요컨대 모르겠다는 말이다. 슈뢰딩거와 하이젠베르크의 생명과 존재에 대한 인간 이해의 한계, 또한 이해력 자체에 대한 문제는 제3우주론이 나오기 전에는 해결될 수 없는 질문이었다. 어떤 것이 이미 다 결정된 상태에서 이론이나 설명을 이어가는 책들을 조심해야 한다고 말하고 싶다. 물론 역사 자체에 대해 질문하는 역사철학서들이 있고 신이 무엇인지를 물어보는 신학서적들이 있다. 역사를 공부하는 사람들, 신학을 공부하는 사람들은 먼저 이런 책들을 읽어야 비판의식을 가지고 저자와 책을 통해 대화할 수 있게 된다. 내가 믿게 된 믿음과 신뢰를 형성한 과정을 살펴야 한다. 그렇지 않으면 믿는 것을 믿고, 그 믿음을 근거로 또 다른 믿음을 형성하며 그렇게 형성된 믿음은 다시 새로운 믿음을 만들며 처음과는 아무 상관이 없는 것도 믿게 되고 그것을 위해 살아야 한다. 왜 본인이 그것을 믿게 되었는지 의심하지 않는 사람들의 삶은 그런 것이다. 책을 읽는 것도 그렇다. 믿음에서 논리와 신뢰를 얻으려는 책들을 조심해야 한다. 의심하는 것, 그것이 모든 지혜의 출발이다.

5.
종교에 대하여

- 믿을 만한 것은 믿으라는 말이 없어도
믿을 수 있어야 하는 것이다.
먼저 믿으라고 하는 사람이나 단체가 있다면
그들의 말은 들을 필요 없이 거짓이다

5.1 신과 종교

어떤 종교가 됐든 출발에 관심을 가져야 한다. 그것의 시작과 진행 과정과 변화를 살펴야 한다. 그리고 그것이 믿을 만한 바탕에서 출발한 것인지 변화의 과정에서 오염되거나 근본적인 교리나 주장을 바꾼 것이 있는지를 주시해야 한다. 수시로 말을 바꾸며 생존을 유지해 왔다면 그들의 주장은 검증할 가치가 없다. 그들이 현재 주장하는 믿음의 옳고 그름을 따지는 것은 의미가 없다. 앞으로 올 미래에 대한 그들의 주장은 언제나 검증 불가하기 때문이다. 또한 누구든 좋은 주장을 할 수 있고 자신의 주장을 관철하고 싶은 사람들, 거짓을 일삼는 사람들, 악행을 일삼는 사람들도 좋은 말과 주장을 할 수 있기 때문이다. 대표적 야훼교인 기독교는 수시로 말을 바꾸며 생존해 온 종교이다.

야훼교는 최초에 유일신으로 시작되지 않았다. 가나안의 지방신 야훼가 다른 신들과 싸우고 다투고 질투하는 내용이 성경 곳곳에 나온다. 로마라는 강력한 야훼의 추종자들 덕분에 유일신으로 승격되었다.

야훼는 인간을 한없이 사랑하는 신이 아니었다. 야훼는 포악하고 변덕스러우며 인간에게 잔인한 복수를 가하는 신이었다. 특히 야훼는 유대인만을 자신의 민족이라고 선포했으나 유대인들에게도 잔인하고 무서운 신이었다. 초기 야훼교 이후 수천 년이 지나 예수와 로마인들에 의해 신은 사랑 그 자체가 되었고 유대인만이 아니라 모든 사람들을 사랑하는 것으로 선언되었다. 단지 선언만 된 것이다.

야훼는 육신의 부활과 심판을 언급하지 않았으나 페르시아의 조로아스터 신의 영향으로 종말론적 신앙이 생겨났다. 야훼교 초기에 유대인 중 누구도 영혼의 구원을 받기 위해 야훼를 믿지 않았다. 그러나 지금 믿는 이들은 영혼의 구원을 위해 믿는다.

그들이 신으로 믿는 예수는 처음에는 신이 아니었으나 그가 죽은 지 300년이 지나서 로마의 황제가 소집한 회의에서 신으로 추대되었다.

신으로 믿어지는 예수는 제자들이 살아 있을 때 종말적 심판이 있을 것이라 예언했지만 제자들이 죽고 2,000년이 되어도 심판은 이루어지지 않았다. 예수의 열두 제자 중 누구도 예수를 신으로 생각하지 않았다.

예수 역시 사랑의 신은 아니다. 예수는 그를 고발한 제자 유다를 저주했다. 예수는 자신을 믿지 않는 사람들에게 저주를 퍼부었다.

구약이든 신약의 복음서든 누가 썼는지 아무도 모른다. 아무도 모르지만 완벽한 사실이라 믿는다.

예수가 인류의 죄를 짊어지고 대신 죽었다고 했지만 인간중 누구도 죄를 벗어난 사람은 없는 것 같다.

예수를 믿는 사람들이 예수의 이름으로 자신을 죽이고 타인을 살해한 경우가 바다의 모래알처럼 많다.

기독교가 말을 바꾸고 교리를 바꾸고 신념을 바꾼 경우는 수천 가지를 꼽을 수도 있을 것이다. 한 세대, 또 한 세대를 거치면서 모든 것을 바꾸며 생존해 왔다. 시간상으로 100년 전, 500년 전 1,000년 전, 2,000년 전 믿는 것이 전적으로 다르다. 공간적으로 야훼교는 수천 개의 지역에서 서로 다른 믿음으로 서로 다른 야훼를 모신다. 그때마다, 지역마다 교파마다 다 자기들이 옳다고 한다. 그런데 믿어야 구원을 받는다고 한다. 시간과 장소에 따라 수만 개의 믿음들이 있다. 수만 개의 종파 중 하나를 믿는 사람들은 다른 이들이 뭐를 믿는지 알지 못한다. 제3우주론에서 만물과 우주는 인간에 의해 생성된다. 신도 그중 하나다. 인간에 의해 만들어진 많은 것들이 유용성이 있어 인간의 삶에 도움이 된다. 그러나 신은 인간이 만들어 오늘에 이른 만물 중 단연 최고의 흉물인 듯하다. 신이란 관념이 인간에게 위로가 되는 경우가 있지만 쓸데없는 공포와 막연한 불안감을 안기며 위로보다 더 큰 고통을 주었다. 신은 인간의 감각에도 잡히지 않고 인간의 이성에서도 연결되지 않는다. 신 그것은 아무것도 아니다. 거짓이라 주장할 가치조차 없는 대상이다. 그러나 믿는 사람들이 있다. 그들이 우리에게 숙제가 된다. 제3 우주론에서의 지식에는 세 가지 단계가 있다.

- 첫 번째는 최상위의 지식은 순수 지식이다. 모든 것이 허구라는 것을 인식하고 모든 것이 합의를 통해 이루어지는 것을 이해하며 합의의 기준을 세우는 것이다.
- 두 번째는 응용 지식이다. 감각과 이성의 신뢰를 바탕으로 믿음을 유지하는 학문이다. 여기에는 수학과 과학, 인

문학은 물론 기존의 학문적 영역들이 그것이다. 인간 생활의 유용성이 있다면 계속 유지해도 좋은 지식이다.

- 세 번째는 믿음 지식이다. 감각에도 이성에도 잡히지 않는 것. 근거 없이 믿음에만 의지하며 믿음을 권장하는 지식이다. 신, 종교, 민족 등 막연한 믿음들이 여기에 포함된다. 일부 유용성이 있다 해도 해악이 훨씬 큰 것이므로 폐지되어야 할 지식이다.

5.2 믿음의 사람들

타인의 욕망을 욕망하는 사람들을 속물이라고 한다. 물론 이 말은 그런 사람들을 비웃거나 비하하는 말이다. 타인들이 좋다는 것을 그대로 나의 욕망으로 만들고 그 욕망의 테두리에서 함께 있다는 마음을 갖게 되고 서로 인정하고 인정받는 대상을 규격화하는 것이다. 그러나 속물보다 더 비하될 수 있는 사람들이 있다. 남들의 믿음을 따라 믿는 사람들이다. '이렇게 많은 사람이 믿는데 거짓일 리 없어.'라고 생각하며 다수의 믿음을 나의 믿음의 근거로 삼는 사람들이 있다. 아주 많다. 사실 대부분 믿음의 근거가 타인의 믿음을 근거로 생성된 것이다. 그리고 그런 믿음들은 나의 믿음이 되고 타인들은 나의 믿음을 근거로 자신들의 믿음을 만들며 그렇게 만들어진 믿음들을 순환하고 확대해 나간다. 모든 믿음이 이런 믿음들이다. 우리 생각의 대부분은 이런 믿음으로 채워져 있다. 내 믿음의 근거를 스스로 의심하지 않았던 모든 믿음, 모든 생각들은 타인의 믿음을 믿는 것이다. 이런 사람들을 나는 '믿음의 사람들'이라고 부른다. 그에 반해 믿음의 근거들을 찾는 사람들을 나는 '의심하는 사람들'이라고 부른다. 믿음의 사람들은 의심하는 사람들에게 매사 까탈스럽고, 뜬구름을 잡는 사람들이라고 말한다. '신체발부 수지부모 불감훼상 효지시야'라는 말이 있다. 효경에 나오는 공자의 말이다. 이 말 한마디에 숱한 사람들이 머리를 깎지 못하고 더러운 위생 속에서 피를 빨아먹는 벌레인 이의 공격에 평생의 고통을 겪었다. 조선시대 그 누구도 공자의 말씀은 진리인가 묻지 못했다. 머리카락을 건드리지 않는 것이 왜 효의 시작인지 묻지 않았다. 효라는 것이 무엇인지도 묻지 않았다. 여성이 남성에게 순종하고 잘 받들어야 했던 시절이 있었다. 왜 여성은 종이고, 남성은 주인인가에 대한 의심이 없었다면 개선되지 않았을 것이다. 흑인 노예가 주인의 사유물인 때가 있었는데 왜 사람이 주인과 종으로 나눠야 하는가에 대한 의심이 없었다면 개선되지 않았을 것이다. 입장이 다른 정치인들이 죽을 듯, 죽일 듯 싸우고 지지자들도 편을 나눠 서로를 비난한다. 생각이 다르면 서로 죽일 듯 싸우는 것이 최선의 방법인가? 생각이 다르다고 저들을 미워하는 것이 해결책이 될 수 있을까? 미워하는 당연한 상황에 대해 의심하고 질문하지 않으면 지옥 같은 상황은 멈추지 않을 것이다. 역사적 응어리도 마찬가지다. 아버지 원수의 아들은 나의 원수인가? 할아버지 원수의 손자는 나의 원수인가? 증조할아버지 원수의 증손자는 나의 원수인가? 아버지의 원수는 나의 원수라 해도 뭐라 할 수 없겠다. 그러나 그 자손들까지 나의 원수가 되어야 할까? 몇 대까지 죄인이고 몇 대부터는 죄인이 아닌가? 한 번쯤 응어리의 실체에 대해 의심하고 생각해 보는 시간을 갖지 않는다면 누군가를 미워하는 마음은 나 자신을 괴롭히고 나의 후손들을 괴롭힐 것이다. 병원에 심정지로 실려 간 80대 할머니가 있었다. 노쇠하고 병으로 고통받는 분이었다. 의사나 가족들은 환자를 살리려 했고 심폐소생술로 이 할머니를 살려냈다. 그러나 할머니는 심폐소생 중에 갈비뼈가 부러져 심각한 부상을 입었고 다시는 온전한 정신을 찾지 못했고 3년을 응급실에 계시다가 돌아가셨다. 막대한 병원비는 물론 환자 본인에게도 고통의 시간이었을 것이다. 죽지 않는다는 것이 그토록 소중한 것일까 한 번 더 생각했다면 어땠을까? 환자 본인과 주변 사람 모두의 고통을 늘이면서 이미 심정지로 돌아가신 분을 살려내야 했을까? 의심하고 한 번 더 생각해 보는 사람들은 그렇게 복잡하게 살지 않는다. 오히려 믿음의 사람들은 다른 사람들의 믿음을 자신의 믿음으로 삼아 이것저것 불필요한 의무를 지키고 미워할 필요가 없는 상대편을 미워하고 마음의 고통을 겪게 된다. 또한 쓸데없는 허영으로 낭비를 일삼다가 스스로 지쳐 신음하게 될 수도 있다. 의미 있고 가치 있는 삶이란 것이 덧없는 것이기는 하지만 무지에 대한 자각을 하지 못하고 헛된 믿음 속에서 허우적대는 것은 삶을 망치고 소모하는 일이다. 믿음의 사람들의 특징은 게으름이다. 생각하기 귀찮고, 의심하는 것이 번거로운 것인데 정작 본인은 숱한 헛것의 믿음에 따르는 규율 속에서 복잡하고 머리 아프고 안타깝게 살다 삶을 마치게 된다.

5.3 나는 신이다

최근 다큐멘터리 '나는 신이다'를 통해 많은 사람이 사이비 종교에 대해 분노하고 왜 그런 사이비 종교에 빠지게 되는지 답답하게 생각한다. 사이비라는 말은 겉은 비슷하나 속은 완전히 다른 것을 말한다. 따라서 사이비 종교라는 말은 유사 종교라고도 할 수 있겠다. 과학에서도 사이비 과학을 유사 과학이라고 하고 의학에서는 대체 과학이라는 것이 부정적인 의미로 사용되고 있다.

미국의 작가 실비아 브라운이 밝힌 사이비 종교 감별법이 다시 회자되고 있기도 하다. 실비아 브라운이 밝힌 사이비 종교의 특징은 아래와 같다.

- 자신이 주장하는 교리만이 유일한 진리이며 전통 종교들은 모순과 위선으로 가득하다고 주장한다.
- 증명이 불가능한 주장을 한다.
- 믿음의 근거로 신자들에게 십일조나 세속적인 재산의 증여를 강요한다.

- 빈민구제사업과 인도주의 활동 같은 숭고하고 거부할 수 없는 목표를 제시한다.
- 신속하게 신자들을 비신자들인 가족들과 사랑하는 사람들로부터 격리시키고 공동체 생활을 하게 한다.
- 포섭한 뒤에는 서서히 그리고 확실하게 삶을 시시콜콜하게 간섭한다.
- 단조롭고 규칙적인 생활을 강요하면서 '우리 대 그들'의 대립을 강화하며 외부인들의 법 집행 등을 불신자들의 박해로 간주한다.

실비아 브라운이 밝힌 사이비 종교에 대한 기준이 절대적이고 확실한 것은 아니지만 나름의 고민과 성찰 끝에 내어놓은 주장으로 보인다.

그런데 내가 보기에는 일곱 가지 기준들의 전부 또는 대부분이 기성 종교에도 해당하는 말들이다. 기독교를 기준으로 위의 항에 대입해 보자.

자신이 믿는 신만이 유일하고 다른 신들은 가짜다. 기독교의 교리만이 유일한 진리이고 그 믿음이 우리를 구원할 것이다.

증명이 불가능한 주장을 한다. 예수는 신이고 신의 아들이다. 사람들은 죽어서 육신과 함께 부활하여 심판을 받게 될 것이다.

믿음의 근거로 십일조나 헌금을 강조하고 교회를 짓기 위해 성전 기금을 모은다.

빈민구제사업을 펼치고 사람들을 영원한 천국으로 안내하고자 하는 숭고한 목표를 가지고 있다.

다양한 모임과 관혼상제 지원 등으로 신자들의 공동체 형성을 위해 노력을 아끼지 않는다.

일단 신자가 된 뒤에는 기도하는 삶, 헌신하는 삶, 교회에 충실한 삶으로 이끌기 위해 서로가 서로에게 관여한다.

신자와 비신자, 구원을 받는 자와 버려지는 자를 구분한다. 외부인들의 법 집행을 불신자들의 박해로 간주한다. 2,000년 전 예수에 대한 사형집행을 불신자들의 박해로 간주했다.

나는 여기에 두 가지를 덧붙이고 싶다. 하나는 교주들의 예언이 어긋나도 사람들의 믿음이 변하지 않는다는 것이다. 또 다른 하나는 믿음이 신자들에게 약간의 삶의 활력을 주고 있으며 한편으로 큰 고통을 남긴다는 것이다. 사이비 종교와 정통 종교를 구분하기는 어렵다. 그것이 사이비 종교들이 자리를 잡을 수 있는 환경을 제공하고 있다고 볼 수 있겠다. 그러나 사이비 종교의 모든 내용이 정통 종교에서 그대로 시행되고 있다는 점에서 본다면 사이비 종교가 따로 있는 것이 아니고 모든 종교가 사이비이고 거짓이라고 할 수 있겠다. 기존의 정통 종교들은 이전에 지금의 사이비 종교와는 비교할 수 없을 정도로 사람들의 무지를 이용했고 재산을 착취하고 불신을 이유로 사람을 화형에 처하고 민족을 절멸시키는 일을 벌여왔다. 그런 만행들이 인간의 이성에 의해 잘못된 것으로 드러나자 본래의 모습을 감추고 현실과 타협하면서 얼굴을 바꿔 오늘에 이른 것이 정통 종교의 본모습이다.

사이비 종교는 정통 종교의 초기 모습을 띠고 있다. 모든 종교들은 사이비 또는 이단의 형태로 시작되어 오늘의 모습을 갖춘 것이다. 예수가 신성모독을 이유로 유대교도로부터 사형선고를 받았듯이 유대교에서 기독교들이 이단시되었고, 기독교들에게서 이슬람교가 이단시되었고, 가톨릭에게서 신교도들이 이단시됐었다. 또한 기독교나 이슬람교에서 분파들이 생길 때마다 어김없이 기성 종파로부터 이단 판정을 받았다. 종교에 대해서는 사이비냐 아니냐를 따지는 것은 무지로부터 비롯된 것이다. 종교 그 자체가 거짓이고 사이비다.

6.
윤리학, 어떻게 살 것인가의 문제

- 제3우주론적 입장에서
모든 것은
합의에 의해 결정된다

6.1 합의

우리는 그동안 제3우주론에 관한 몇 가지 중요한 내용을 살펴보았다. 첫 번째가 그동안 믿음에 의지하던 창조적 우주론과 과학적 우주론의 문제점을 극복하고 관찰하는 인간이 주체가 되는 새로운 우주론을 제시하였다. 두 번째는 제3우주론을 뒷받침하는 이성의 감옥 모델을 제시하여 이성의 문제점을 비판하고 안다는 것은 무엇인지에 대한 인식에 도달했다. 세 번째는 제3우주론적 시각에서의 생명과 진화에 대해 짚어 보았다. 네 번째는 문명과 지식의 유용성을 평가하고 학문의 근거에 대해 논의했다. 다섯 번째는 인간의 믿음에 대한 신뢰성 확보가 결여된 종교 및 제반 허구의 근거들에 대해 성찰해 보았다. 이제 우리는 우주의 생성 경위, 생명과 인간의 본성, 인간 이성의 명백한 현실을 직시할 수 있게 되었다. 남아 있는 중요한 과제는 새로운 우주론을 배경으로 인간은 어떻게 살 것인가 하는 윤리적인 문제가 남아 있다. 제3우주론은 인간을 둘러싼 우주가 아니라 우주를 만들어 낸 인간을 근간으로 한다. 인간이 우주의 작은 티끌로서 우주의 잔해물이 아니라 우주의 시작점에 서 있다는 새로운 시각에 기반한다. 제3우주론은 인간을 창조적 우주론에서 막강한 힘을 가진 신과 같은 위치에 올려 넣으려는 시도가 아니다. 인간은 하나의 인식적 허구이고 감옥에 갇힌 존재이며, 인간이 안다고 하는 것은 사실상 아무것도 아니라는 반성에서 출발한다. 이제 우주가 더 이상 신비로운 것이 아니고, 인간이 특별한 것도 아니고 생명도 특별한 것이 아니며 신도 인간이 만든 허상이라는 점을 시작점으로 새로운 도모를 할 수 있다. 그렇다면 '인간이 어떻게 살 것인가' 하는 문제는 이제 전적으로 인간의 합의에 달려 있다. 기존의 우주는 과학적 진리와 탐구의 대상이기보다는 인간이 그것을 인정하고 합의해주어야 존재하는 인간의 종속변수로서의 역할을 수행해야 한다. 따라서 인간의 과제는 늘어났다. 자연과학을 포함한 학문의 영역이 더 이상 진리 탐구의 방법이 아니라 인간 합의의 영역에 속해지기 때문이다. 따라서 인간은 인간 스스로를 포함한 존재하는 모든 것의 존재성과 유용성에 대해 합의하고 결정할 것이다. 인간의 문명이라는 것도 인간의 욕구 충족을 위해 적정한 툴이 아니라고 판단된다면 어디서 멈추고 어디까지 갈 것인지를 검토해야 한다. 인간은 만물의 척도라고 주장한 그리스 철학자 프로타고라스의 말은 그 말이 나온 연유가 전혀 다르지만 제3우주론의 윤리학적 기준을 설정해주고 있다. 나는 인류가 어떤 것을 어떻게 합의할 것인지 알 수 없다. 그것은 새로운 세대의 몫이 될 것이다. 그러나 몇 가지 예시를 통해 어떤 것이 합의돼야 하는지에 대한 견해를 밝히는 것은 나쁘지 않을 것이다.

6.2 인류의 합의서 예시

6.2.1 합의

합의는 우주를 만든 인간들의 합의를 말한다. 합의는 인류합의 위원회에서 하는 것을 최종적인 합의로 하되 모든 합의는 변할 수 있으며 모든 것은 합의에 의해 결정된다는 것만은 변할 수 없다. 합의의 방법과 인류합의 위원회의 구성 등은 역시 합의에 의해 결정된다.

6.2.2 우주

우주는 인간이 만든 것이지만 여전히 과학적 탐구의 대상이 되는 것으로 합의한다. 태양과 은하와 달과 별은 존재하는 것으로 합의한다. 꽃과 바다와 세상 만물 모든 것 중 합의되는 것은 존재하는 것으로 합의한다. 우주는 크고 광대한 것으로 합의하며 기존의 과학적 합의의 방법에 대한 유용성을 인정한다. 또한 지구는 우주의 창조자인 인간을 담고 있으므로 우주의 가장 중요한 중심으로 합의한다.

6.2.3 생명

생명은 생명 아닌 것과 다르다고 합의한다. 생명은 소중한 것으로 합의한다. 생명 중에 인간은 가장 소중한 것으로 합의한다. 생명은 진화한다고 합의한다. 생명이 언제 어떻게 시작되었는지는 묻지 않기로 한다. 지구는 인간 다음으로 중요한 생명으로 합의한다. 인간이 소중한 생명이므로 인간이 살고 있는 지구는 인간과 버금가는 중요성을 가지고 인간의 가장 중요한 파트너로 합의한다. 인간이 우리 몸속에 사는 박테리아라면 지구는 박테리아를 살게 하는 인간인 것과 같다.

6.2.4 정의(Definition)

사물이나 관념에 대한 정의는 의미 있는 것으로 합의한다. 정의는 누구든 내릴 수 있는 것으로 하며 개념의 정의는 독점되지 않는다. 인류 합의 위원회를 제외한 국가나 법원이나 어떤 권위를 가진 기관이라 하더라도 정의를 단독으로 내리거나 독점할 수 없다. 정의는 늘 변하며 언제나 새로워질 수 있다는 것에 합의한다.

6.2.5 국가

국가는 유익한 것으로 합의한다. 국가는 과도한 경쟁을 방지하기 위해 오직 하나의 국가만을 만들 것에 합의한다. 국가는 인류를 위해 봉사하는 기관이며 지배하는 기관이 되어서는 안 된다. 국가는 인류합의위원회의 합의를 이행하며 다양한 지방정부를 산하에 설치할 수 있다. 개별국가가 없으므로 국가는 경쟁적 자원 활용을 방지하여 하나인 지구를 보호한다. 국가는 인종과 민족 그리고 지역과 무관하게 모든 인류가 고루 혜택을 누리도록 노력한다.

6.2.6 민족

민족은 없는 것으로 합의한다. 다만 인류만이 하나의 민족이라는 점에 합의한다. 국가는 민족의 개념이 점차 사라지도록 정책 수립 시 고려해야 한다.

6.2.7 신

신은 없는 것으로 합의한다. 죽음 이후에 대한 어떤 주장도 권위를 가지지 못한다. 국가는 신이 다시 출현하지 못하도록 관리할 책임이 있다. 특히 신을 핑계로 경제적 이익을 챙기는 집단들이 생겨나지 못하도록 관리해야 한다. 모든 종교단체나 시설은 폐지되거나 폐쇄되고 종교적인 의식이나 행사 등은 없어진다. 다만 국가는 신이 메워 준 인간에 대한 위안이 있었다면 이를 위한 대체재를 만들 책임이 있다.

6.2.8 아름다움

아름다움은 있는 것으로 합의한다. 사람들은 아름다움을 즐기고 추구할 수 있다. 다만 국가는 아름다움은 합의에 의해 존재하는 대표적인 허구라는 사실을 잊지 않도록 교육할 필요가 있다.

6.2.9 돈의 분배

돈을 버는 것은 자본주의 방식으로 벌되 부의 상속은 금지하기로 합의한다. 돈은 가능한 살아 있을 때 써야 한다. 국가는 부자들이 죽으면 돈을 회수하여 돈이 원활하게 회전할 수 있도록 해야 한다. 국가는 부의 상속을 금지하되 부를 상속할 필요 없는 환경, 즉 젊은이들이 의식주 걱정 없이 살 수 있는 사회를 만들어야 한다. 돈을 쓰지 않고 모으는 사람에게 세금을 물리고, 세금을 많이 내는 사람들은 우대해주어야 한다.

6.2.10 죄

죄는 합의를 어긴 것이다. 죄를 지은 자는 합의를 어겼다는 것을 의미한다. 나쁜 심성을 가진 사람이란 합의에 반하는 것을 욕망하고 행하는 사람을 말한다. 국가는 구성원들이 합의를 어길 필요가 없는 환경을 만들어 갈 책임이 있다.

6.2.11 정의(Justice)

정의는 합의를 지키는 것을 말한다. 옳기 때문에 합의되는 것이 아니고 합의되었기 때문에 옳은 것으로 합의한다. 나쁜 것이 있다면 나쁘기 때문에 합의되지 않는 것이 아니고 합의되지 않았기 때문에 나쁜 것이다.

6.2.11 죽음

죽음은 삶과 마찬가지로 중요하다는 것을 합의한다. 국가는 고통과 함께하는 삶의 연장은 지원하지 않는다. 국가는 개인이 원하는 시간과 장소에서 편안한 죽음을 맞을 수 있도록 지원해야 한다.

6.2.12 의료

의료행위의 목적은 생명을 살리는 것이 아니라 고통을 줄여주고 삶의 질을 높이는 것을 목표로 해야 한다. 이를 위해 의료인들은 살아 있는 동안 중독성과 부작용이 없는 해피드럭을 만들기 위해 노력해야 한다. 또한 의료인들은 정부와 협조하여 평안한 죽음을 원하는 사람들을 지원할 책임이 있다.

6.2.13 학문과 교육

학교는 인류합의 위원회의 합의 내용을 교육한다. 대학과 연구소는 인류합의 위원회의 위탁에 의한 연구를 수행한다. 학교는 순수 지식, 응용 지식, 믿음 지식 중에서 믿음 지식이 사회에 유통되지 않도록 교육할 의무가 있다.

6.2.14 법원

법원은 합의를 이행하지 않는 자를 치료할 방법을 강구한다. 도둑질을 한 사람은 경제적 치료를, 폭력을 행한 자는 분노조절 장애 치료를, 성적자결권을 침해한 사람들에게는 성적 파트너를 찾아주거나 성적 욕망을 낮추는 치료를 선고한다. 또한 필요에 따라 법원은 효과적인 징벌적 판결을 할 수도 있다. 또한 법원은 특정 합의가 이행되지 않고 범법화 되는 경우가 많을 경우 이에 대한 문제점을 인류합의 위원회에 보고하고 대안적 합의를 요구할 수 있다.

인류는 기존의 문명이 인간의 욕망 충족이라는 목적을 효율적으로 달성하지 못했음을 반성하고 새로운 형태의 문명을 시도할 필요가 있다. 국가, 민족, 종교 등 인간이 인간을 살해하는 주요 동기들을 없애고, 하나의 사상이 절대적으로 옳은 것이 없다는 것에 합의하여 평화를 만들어야 한다. 경제적인 면에서 창의성과 경쟁을 유지하되 분배에 대한 고려를 통해 남의 것을 뺏을 필요 없는 사회를 만들어야 한다. 현재 인류는 인류 전체의 기본적 수요를 채울 수 있는 생산성을 확보하고 있기 때문에 통합적인 정부에 의한 적정한 분배정책은 지나친 탐욕을 없앨 수 있다. 문명의 기본목적인 고통을 줄이고 욕망을 실현하는 세상은 합의에 의해 가능하다.

6.3 윤리적 문제들

6.3.1 '우리'라는 것

가끔은 우리라는 묶음에 대해 생각하는 경우가 있다. 친구들이 모이면, '우리'는 거기 모인 친구들이 되고, 가족들이 모이면 가족이 '우리'가 된다. 또는 월드컵 응원을 위해 광화문에 모인다면 거기에 모인 수십만 명의 응원객들 모두가 '우리'가 될 수 있다. 우리라는 모임이 일단 형성되면 우리와 다른 '저들'도 생겨난다. '저들'은 남모르는 사람들일 수도 있고 '우리'와 다른 이익을 위해, 또는 다른 성향을 가진 특정 또는 불특정 다수가 될 수 있다. 평소 나하고 아무 상관이 없는 불특정 다수의 사람들이 '우리'라는 울타리에 들어오면 연대감이 생기고 만일 패싸움이라도 난다면 기꺼이 함께하게 된다. 그러다 그 모임이 해산되면 '우리'는 오간 데 없이 사라지고 다시는 그들 중 누구와도 함께 할 일이 없게 된다. '우리'라는 연대는 다양한 상황이나 환경에서 생겨나고 인간은 성향적으로 그런 무리를 구성하거나 그 무리에 기꺼이 합류하여 연대 의식을 가지고 싶어 한다. '현대를 살아가는 우리'라는 말이 꺼내지면 고도의 성장을 누리지만 빠른 변화로 혼돈을 뒤집어쓰고 있으며 불안한 미래에 노출된 공동체로서의 인류가 떠오르게 된다. 인류라는 공동체 하나로서 우리가 머물 수 있다면 대립 없이 인류 공동의 문제에 대처하며 현재와 미래의 문제를 협력하여 풀어 나갈 수 있을 것이다. 그러나 인류로서의 '우리'는 문화권, 국가별, 민족별, 종교별로 다시 수없이 작은 공동체로 쪼개진다. 모든 경우는 아니지만 작은 공동체일수록 소속감이 더 크고, 규모가 큰 공동체의 이익보다는 소속감이 더 큰 공동체의 이익을 추구하는 것이 인간의 속성인 듯싶다.

모든 사람들은 다양한 공동체에 소속되어 있고, 수많은 '우리'를 경험한다. 종교적으로 '우리'와 이념적, 또는 친분 관계로서의 우리는 서로 다르다. 이런 분야에서는 '우리'였지만 다른 분야에서는 '저들'인 경우가 있고, 어떤 경우는 함께 투쟁했던 동지가 다른 공동체에서는 적으로 만나 혈투를 벌일 수도 있다. 둘도 없이 다정한 부부지만 남녀 간의 쟁점에 대해서는 다른 입장을 유지하고, 처가과 시댁이라는 이전의 가족 관계로 상처를 주고받을 수 있다. 이렇듯 가장 가까운 부부관계도 서로 다른 상상적 공동체에 얽여 대립하는 경우가 생길 수 있다. 아름다운 단어로 여겨지는 '우리'는 행복감과 불행감을 함께 가져오는 벗어나기 쉽지 않은 딜레마인 것 같다. 가장 대표적인 '우리'로서는 역사공동체 '우리'가 있다. 역사공동체 '우리'는 민족일 수도 있고, 국가일 수도 있다. '민족'은 먼 조상들의 살아온 결과를 공감하고 그 결과로써의 우리를 자각하며 앞서간 사람들의 기억을 우리의 기억에 담아둔다. 우리는 단군신화를 바탕으로 5천 년의 역사를 우리의 것으로 받아들이기도 한다.

신화라는 것이 민족을 묶어주는 중요한 구실을 한다고는 하지만 실제의 인물인지도 모르고 어디에 살았는지도 모르는 신의 아들이라는 단군은 우리와 닿아 있다는 상상 말고는 우리와 연결된 것이 없다. 중국은 현재 중국의 영역 안에 있는 모든 민족은 자신의 민족이라는 주장을 하고 있고 우리나라의 입장은 과거에 어디에 살아왔는 지와 관계없이 우리의 역사적 기억과 닿아 있는 범위의 사람들을 우리의 민족이라고 생각한다. 태생적으로 다민족 국가인 미국은 민족이라는 것에 관심을 두고 있지 않으며, 원주민과 정복자들의 피가 섞인 남아메리카 사람들 역시 민족적인 개념은 관심의 대상이 아니다. 독특한 민족인 이스라엘은 인종, 종족 가릴 것 없이 신앙을 기준으로 민족을 정의하며 신앙의 역사를 공유하고 있다. 이렇듯 민족이라는 개념은 애매한 개념이며, 각 국가의 통합력을 늘릴 수 있는 방향으로 저마다 다르게 정의된다.

국가의 단합력이 높아지면 국가라는 공동체는 힘을 얻어가지만 인류라는 공동체는 서로 경쟁하고 투쟁하며 망가지는 것을 피해 갈 수 없다. 우리는 국가 간의 대립이 매우 잔인하고 무책임했으며 전쟁과 환경파괴를 불러왔다는 것을 알고 있다. 역사적인 우리를 다르게 넓게 설정한다면 우리가 가진 많은 문제들은 스스로 사라지게 된다. 역사적인 우리를 다르게 설정한다면 지금의 한국사는 제대로 된 한국사일 수 없다. 역사상의 우리와 타자가 일부 역사가들이 주장하듯 획일적이지 않기 때문이다. 우리와 타자의 구분이 다시 설정되면 우리는 가해자이기도 하고 피해자이기도 하다. 많은 경우 우리의 민족집단은 중국의 한족에게 가학적인 면이 있었기 때문이다. '우리'의 개념을 대표하는 민족은 나누고 분류할수록 더 많은 타자가 생기고 그 타자는 적대적인 대상이 된다. 더구나 민족이라는 개념은 국가의 단합력을 높이려는 의도로 사용되는 말이며 그 분명하지 않은 민족의 역사라는 것도 국가의 지배관념 의도에서 벗어나지 못한 것이다. 우리 지식의 불완전성이나 허구라는 점에서 민족, 역사, 그리고 분류, 그에 의한 우리와 타자의 끊임없는 생산은 결코 제대로 된 근거를 갖춘 믿을 만한 것이 아니다.

6.3.2 정의(Justice)

살면서 옳은 것, 정의로운 것에 대해 많은 생각을 한다. 나는 정의롭게 살아왔나? 남들이 정의롭지 않은 것에는 분노하면서 나 자신에게는 관대하지 않았을까? 누구나 정의라는 말에 반응하는 것은 정의라는 것이 사회가 우리에게 요구하는 삶의 방식이기 때문이다. 사회가 요구하는 방식을 따르면 그 집단 내의 다른 이들의 인정과 존중을 받을 수 있다. 그러나 개인으로서 나는 늘 정의와 부정의 사이의 경계선에서 움직이고 있음을 느낀다. 가장 최소한의 정의라고 여겨지는 법의 준수에 있어서도 사소하고 소소한 것, 남들은 잘 모르고 나만이 아는 법과 불법 사이의 어떤 경계와 상황에 줄곧 서 있어 왔다고 생각한다. 많은 사람들을 만나왔지만 사회가 요구하는 삶을 완벽히 실현하고 있는 사람은 보지 못했다. 사회가 자제하기를 권하는 삶의 방식에서 완전히 벗어난 사람을 보지 못했고, 완벽하게 준법하는 사람도 보지 못했다. 사업을 하다 보면, 일을 도모하다 보면, 자식을 키우다 보면, 먹고 살다 보면, 싫어하는 누군가를 대하다 보면, 누구나 어떤 경계의 지점에서 서성이고 있는 자신을 보게 된다.

어떤 정권이라도, 심지어 가장 정의롭지 못했던 권력이라도 늘 정의의 실현이라는 구호를 내세운다. 권력자들은 정의를 외치지만 실질적인 정의를 실현하고 판을 갈아버린 것은 그 구성원들의 집단적인 반발과 투쟁이었다. 우리 역사에서 권력을 잡은 사람들은 늘 그들의 편에서만 정의를 외쳤고 번번이 국민들의 반발로 물러나는 과정을 되풀이해왔다. 몇 년 전 법무부 장관이었던 조국의 검찰 수사로 여야가 분열하고 국민의 의견도 분분했던 기억이 난다. 조국은 집권 세력의 최측근이었고 이를 수사했던 검찰은 다수 국민들의 지지를 받았다. 이 사건은 정의라는 것에 대한 대중의 합의가 쉽지 않은 모습을 보여주었다. 이 사건은 두 가지 모습으로 대중들에게 비춰졌다. 하나는 정의의 이름으로 다른 이들을 심판하면서 스스로는 정의롭지 않았던 검찰에 대한 개혁과 이에 대한 검찰의 저항이다. 또 다른 하나는 양심과 정의를 대표하며 검찰개혁을 외쳤던 학자 출신 법무부 장관이 스스로는 온갖 기득권의 혜택을 누리며 적극적으로 그 기득권을 사용해 왔다는 것에 대한 국민들의 배신감이다. 한국 사회에서 오랫동안 정의를 독점해 온 집단들이 검찰과 법원, 언론, 종교인들이다. 이 중에서 검찰과 법원의 폐해는 심각하며 정권이 바뀌어도 변하지 않고 그들만의 세상을 유지하고 있다. 정권이 바뀌면 지난 정권의 부정한 일들을 들추어 내고, 또 정권이 바뀌면 지금의 정권을 들쑤셔 정의를 실현해온 오래된 특권층들이다. 검찰과 법원의 구성원들은 동일한 범죄를 지은 일반인들에 비해 처벌이 약하거나 처벌이 이루어지지 않는다. 그런 권력자들이 퇴직 후에는 전관예우로 막대한 경제적 이익까지 보장되어 있다. 이들은 서로가 서로를 보호하는 카르텔을 형성하고 있다. 이들을 건드린 정권은 정권을 잃은 후에 가혹한 대가를 지불해 왔다. 정의는 그 자체의 실현보다는 그 정의의 적용이나 행사의 공정함이 중요하다. 검찰 구성원이나 검찰과 가까운 사람들은 엄격한 집행의 대상에서 제외되고 일반인들에게는 혹독하다면 이를 수용하기 어렵다. 그런 검찰 권력이 권력을 떠나고도 과거의 경력을 이용하여 일반인들은 상상하기 힘든 경제적 이익을 거머쥔다면 그런 사회는 공정하지 않고 누구나 그런 사회의 구성원이 되고 싶지 않을 것이다. 이는 반드시 개혁되어야 할 일이다.

그러나 개혁을 해야 할 사람들의 자격에 대해 국민들은 법을 집행하는 검찰보다는 더 나은 사람이 그런 일을 해야 한다고 생각한 듯하다. 알고 보니 검찰과 다를 바 없는 기득권 상류사회에서 온갖 혜택을 누리던 사람이 자신을 돌아보지 못하고 검찰개혁 같은 큰일을 한다는 것은 동의하기 어렵고 뭔가 검찰개혁이라는 명분 아래 또 다른 기득권을 추구하고 있지는 않은지에 대해 의구심을 나타냈던 것 같다. 국민들은 사회의 거대한 이익 카르텔의 부패구조 보다는 상류사회의 이중성과 정의를 앞세운 이중적 공정성에 대해 더 깊은 배신감을 느꼈고 감정적 분노를 표출했다.

어차피 정의라는 것이 사회 구성원들의 합의를 이행하는 일이라면 정의를 실현해야 하는 일에 대해서 문재인 정부는 국민의 합의를 이끌어 내지 못했고 결국 실패하고 말았다. 오히려 그 개혁의 대상이던 검찰의 수장을 국민들은 새로운 권력으로 내세웠다. 새로운 정부는 공정을 화두로 내세우며 집권했다. 국민들은 상류사회 구성원들이 내세우는 거대 담론보다는 작은 일에서 공정함을 실천할 것을 요구했다고 볼 수 있다.

물론 나를 포함한 모든 국민들은 조국과 크게 다르지 않은 사람들이다. 정의를 얘기하지만 나 자신에게는 철저하지 못하고 내가 가진 작은 힘을 나를 위해 약간이라도 편의적으로 사용하는 것에 기쁨을 느낀다. 그래도 자기 스스로는 남들보다는 더 낫다고 생각하는 것이 우리들이다.

조국이 위선적이고, 우리와 다를 바 없다고 해도, 사회의 구조적 카르텔은 해체되고 개혁되어야 할 일일 것이다. 남들의 위선을 탓하다가 우리 사회가 몇몇의 구조화된 권력 집단의 손에서 자원이 왜곡되어 배분된다면 그 손해는 힘없는 사람들이 떠안는 일이 계속될 것이다.

누구나 정의를 외치는데 실제로 정의는 보이지 않고 실행하기도 쉽지 않다. 정의가 따로 있는 것은 아니고 사회적 합의라면 정의는 아직 결정되어 있지 않다, 많은 사람들이 많이 생각하며 많은 고민을 거쳐 토론하고 합의에 도달해야 한다. 조국 사태는 서로 정의를 외치던 검찰과 그 검찰을 심판하려던 비주류 상류층의 갈등 속에서 국민들이 무엇이 옳은 것인지 헤매고 결국 아무 합의 없이 끝냈던 아쉬운 사건이었다.

6.3.3 가치 있는 것

어느 날 전 세계를 다스리는 독재자가 있어 세상의 인구도 줄이고 과거 복잡하지 않은 세상으로 돌아가길 원한다고 가정해 보자. 그 독재자는 한 가지 방법만으로 세상을 한적한 과거의 세계로 돌리고자 한다. 이때 그가 선택할 가장 손쉬운 방법은 무엇일까? 돈을 없애는 것이다. 한날한시에 가상화폐를 포함한 모든 종류의 화폐를 폐지하겠다고 선언하면 어떤 일이 벌어질까? 일단 모든 종류의 제조업은 가동을 멈추게 될 것이다. 종업원들이 일을 해야 할 이유가 없어졌기 때문이다. 원유의 생산이 멈추고, 원유를 이용한 정유공장, 화학공장도 멈출 것이다. 석유가 생산이 안 되면 석유를 사용하는 자동차는 생산할 필요가 없어지고, 자동차가 생산이 안 되면 관련 부품공장들도 모두 문을 닫을 것이다. 또한 석유를 이용하는 전기의 생산이 멈추고 전기를 이용하는 모든 공장들도 문을 닫아야 한다. 석유를 이용하는 항공기는 운항을 할 수 없고, 항공기를 생산하는 제조업체들은 문을 닫아야 하고, 여행업, 운수업, 무역업 등은 즉시 멈출 것이다. 철강 생산이 멈추고, 시멘트 생산이 멈출 것이며 따라서 모든 건설업체는 집을 지을 수 없고 즉시 파산할 것이다. 제조업 인력들을 위해 줄지어 늘어선 음식점들은 모두 문을 닫을 것이며, 요금을 받을 수 없는 통신 서비스, 방송국, 인터넷도 모두 정지될 것이다. 당연히 은행들은 문을 닫을 것이고, 증권사도 문을 닫고 경찰과, 소방관 군인들은 자리를 이탈할 것이다. 병원과 약국은 문을 닫아 의료 시스템은 정지되고 관공서도 문을 닫아 국가 기능은 멈출 것이다. 청소 용역업체들도 문을 닫아 집집마다, 골목마다 쓰레기가 쌓이고 뒹굴 것이다. 생각할 수 있는 모든 산업 및 공공활동들은 갑자기 멈추고 그것이 기능할 이유를 찾지 못할 것이다. 모든 상점, 마트들은 남아 있는 생필품들을 약탈하려는 시민들에 의해 생수 한 통 남김없이 모두 뺏길 것이며, 군인들과 경찰들은 무기를 소지한 채로 집으로 돌아갈 것이다. 갑자기 시골에서 농사짓는 사람들에게 지인들이 몰려들어 식량을 달라고 호소할 것이다. 종교 시설에는 종말을 같이 맞아들이겠다는 신도들이 몰려들 것이다. 금과 다이아몬드 등 귀중품들은 쌀한 톨의 가치도 없을 것이다.

아무리 재벌이라 해도 상황은 달라질 것이 없다. 식량이나 식수 땔감 등을 쌓아 놓은 것이 아니라면 재벌들도 굶주림에 시달려야 한다.

결국 어떻게든 살아남는 사람들이 있겠지만 몇 년이 지나지 않아 많은 인구가 죽을 것이고 한 세대 정도만 지나도 지구의 인구는 반의 반도 살아남기 어려울 것이다.

화폐 하나를 없앴을 뿐인데 핵무기 100개를 동시에 터트리는 것보다 강력한 파괴력이 생긴다. 사회에서 하나의 시스템은 이토록 강력한 작용을 한다. 재벌이든 권력자든 자신의 능력보다는 사회의 시스템에 의지하며 살아가고 있을 뿐이다. 누구든 사회적인 책임을 회피하기 어려운 이유일 것이다. 고소득이면서 전문직인 한 친구가 있는데 늘 불평을 하곤 한다. '사회나 국가가 나에게 해준 게 뭐가 있어? 애써 벌면 세금이나 뜯어가니 일할 맛이 안 나.' 사회의 시스템이 없다면 고소득은 물론이고 먹고사는 문제도 스스로 해결할 수 없다는 것에 대해 진지하게 고민하지 않은 것으로 보인다.

중앙정부에서 돈을 발행하지만 사실 돈이라는 것은 그 자체로는 불쏘시개 용도 이외에는 아무런 가치가 없는 것이다. 그 돈의 가치는 사람들이 인정하고 사용하는 것에서 출발한다. 사실상 아무것도 아닌 것이 무슨 가치가 있는 것으로 의미를 부여함으로써 세상을 돌아가게 하고 모든 사람들의 행동이 조절된다. 그러면서 돈은 사람들이 추구하는 목적이 되기도 한다.

이와 유사하게 작동하는 것으로는 '신'이 있다. 실재하는 것으로 사람들이 인정하면서 신은 오랫동안 사람들의 행동을 조절했고, 남들이 보지 않는 곳에서마저 스스로의 행동을 돌아보게 했으며 결국은 사람들이 살아가는 유일한 목적이 되기도 했다. 우리가 무엇을 인식하는 것 또한 이와 다르지 않은 경우다. 예를 들면 태양이 있다는 것이다. 태양이 무엇인지 알지 못하지만 거기에 우리가 감각하는 태양이 있다고 가정하면 우리는 우리의 감각을 신뢰할 수 있다고 여기며, 농사를 짓고, 결실을 맺으며, 계획을 할 수 있고, 안정된 삶을 유지할 수 있다. 우리가 알지 못하고, 가치도 없는 것이지만 인간이 존재를 인정하고 가치를 신뢰하면 그것들은 인간이 살아갈 수 있게 도움을 준다. 인간을 둘러싼 모든 것이 불확실하지만 인간은 그것을 가정하고 인정한다. 그것은 인간을 포함한 모든 동물들의 삶의 방식이다. 인간은 가정하고 존재와 가치를 인정했으며 그로 인해 살고 문명을 이루어 왔다. 인간이 존재를 가정하고 가치를 인정해왔다는 점에서 인간이 지금 시점에서 존재를 의심하고 가치에 대해 회의를 품는다는 것은 어려운 일이다. 믿어왔던 것을 믿고, 이웃이 믿는 것을 믿는 것은 지극히 당연한 일이었다. 철학은 지극히 당연했던 존재와 가치에 의문을 던지는 일이며, 이것은 인간을 이해하기 위한 것이며, 세상을 보는 눈을 바꾸고 세계를 변혁하기 위한 것이다. 돈이 가치 없다고 인정하여 돈을 없애는 것은 많이 불편한 일이다. 위에서 보는 바와 같은 재앙이 닥칠 것이다. 태양이 존재한다는 것을 부정하는 것은 실익이 없다. 농사짓고, 밝은 눈으로 활동하는 것이 인간의 행복을 위해 필요하기 때문이다. 그러나 신이란 것의 존재와 가치를 부정하는 것은 비교적 쉬운 일이다. 오늘날 신을 믿지 않는 많은 사람들은 아무 문제 없이 삶을 유지하고 있기 때문이다. 신은 인간이 버린다 해도 아무 문제가 없고 오히려 지금도 벌어지는 숱한 속박과 전쟁을 없앨 수 있는 일이기에 기꺼이 버릴 수 있는 것이다. 우리가 무엇을 의심하고 그 실체가 없다는 것을 안다는 것은 우리의 삶을 이해하고, 바꿀 수 있는 토대가 된다. 가치 있는 것은 의심하고 합의하는 것으로부터 생겨난다.

6.3.4 자유 의지

지난여름 폭우 때의 일이다. 한 아파트 관리사무소장은 자신의 아파트 주민들에게 지하 주차장이 침수될 수 있으니 차를 빼라는 방송을 했다. 방송을 들은 주민들이 차를 빼러 갔다가 지상에서 들이닥친 물이 지하에 흘러들어 목숨을 빼앗겼다. 관리소장은 자신 때문에 사람들이 죽었다고 자책했을 것이다. 관리소장은 주민들을 위해 할 수 있는 일을 다 한 것임에도 결과는 인명 손실이라는 참극을 가져오고 말았다. 주민들을 위해 맡은 일을 했을 뿐인데 자신이 생각하지 못한 결과를 불러왔던 것이다. 의도한 행위는 때로 의도하지 않은 결과를 불러오기도 한다.

복잡한 집을 짓기도 하고 수천 마리가 서로 엮여 뗏목을 만들기도 하는 개미는 단순한 몇 가지의 행동 원칙에 따라 움직인다. 그들은 집을 지을 의도가 없고, 뗏목을 만들 의도를 가지고 있지 않았음에도 인간이 보기에는 놀라운 일들을 해낸다. 벌도 역시 몇 가지의 행동 원칙을 가지고 있으며 개미와는 다른 방식의 멋진 집을 짓는다. 개미나 벌은 집을 지을 의도가 없었고, 뗏목을 만들 의도도 없었지만 인간의 의도에 따라 만들어진 집이나 뗏목 못지않은 멋진 결과를 만들어 낸다. 의도하지 않은 행위는 때로 의도한 행위보다 나은 결과를 불러오기도 한다.

빵집 주인에 관한 애덤 스미스의 이야기도 있다. '우리들이 매일 아침 빵을 먹을 수 있는 이유는 빵집 주인의 이기심 때문이다'라는 말이다. 빵집 주인은 자신의 이기심 때문에 빵을 만들었지만 많은 사람들이 집에서 빵을 구울 시간을 절약할 수 있었고 그 이익을 함께 공유하는 공익적인 시스템이 만들어졌다. 본인은 이기심 때문에 일을 했지만 의도와 무관하게 여러 사람들을 돕고 사회가 유지될 수 있는 역할을 한 것이다. 자신의 행동이 자신의 의도와는 아무 관련이 없는 결과를 만들어 내는 것은 흔한 일이다.

도시의 경우를 보면 모든 사람들은 각자의 일을 한다. 회사에 출근하고, 버스를 운전하고, 커피를 팔고, 교통을 통제하고, 건물의 유리창을 닦고, 세금을 걷고, 쓰레기를 치우고, 순댓국을 팔고, 편의점을 운영한다. 누군가 그 일을 강제로 하라고 지시한 일도 없다. 각자가 자신의 판단으로 자신을 위하여, 자기의 일을 할 뿐이다. 그런데도 인구 천만 명이 넘는 도시가 유지되고 활기가 넘치며 하나의 유기체처럼 움직인다.

생명도 마찬가지인 것 같다. 원자들은 원자들의 특성대로 움직일 뿐인데 분자가 되고, 분자는 그 특성대로 움직일 뿐이지만 생명이라는 세포가 되고, 세포는 세포대로 자신의 특성에 따라 움직이는데 바퀴벌레도 되고, 까치가 되고, 사람이 되기도 한다. 사람은 사람대로 움직이는데 도시가 되고 국가가 되고 인류가 된다. 원자는 세포를 만들려는 의지가 없었고, 세포는 인간을 만들려는 의도가 없었다. 이는 개미가 뗏목을 만들려는 의도가 없었는데 개미들 수천 마리가 어우러져 뗏목이 된 것과 같은 것이다. 또한 물방울 입자는 구름을 만들려는 의도 없이 자신의 특성과 주위 환경에 따라 움직였는데 구름이 되어 있다. 아원자가 원자를 만들기 위해 움직였을 리 없듯이 원자가 사람을 만들려는 의도로 움직였을 리 없다. 원자도, 세포도, 인간도 의도 없이 나타난 현상이다. 그런 현상에 이름을 붙여서 그것을 원자라 하고, 세포라 하고, 인간이라고 해서 안 될 것은 없다. 그러나 모든 것은 의도 없이 만들어진 결과이고 그 의도 없이 만들어진 결과로써의 인간에게 자유의지라는 인간 스스로도 이해하기 어려운 이름을 붙여 선사하는 것은 과도하다.

아원자가 무엇으로 되어 있는지는 모르지만 아원자는 아원자 나름의 특성으로 움직인다. 원자는 원자 나름의 특성으로 움직인다. 세포는 세포 나름의 특성으로 움직인다, 인간은 인간 나름의 특성으로 움직인다. 고유한 틀 내에서 각자의 상황에 맞게 움직이는데 인간의 움직임에는 자유 의지를 가지고 있다고 하는 것은 적절하지 않다. 인간은 호르몬이 됐든, 사회 심리가 됐든 개인적인 경험이 됐든 그 사람의 고유한 모든 데이터를 가질 수 있다면 어떻게 행동할지에 대한 예측이 가능하다. 인간에 대한 모든 데이터를 가질 수 없기 때문에 한 사람이 어떤 결정을 내릴지 알 수 없다는 것을 다른 말로 '인간은 자유 의지를 가졌다'는 것으로 표현한다고 생각한다.

언어의 역설에서 말했듯이 태양, 사람, 세포라는 말이 사라지면 그에 대한 실체도 모두 사라진다. 자유라는 말을 쓰고 있지만 자유가 무엇인지 공통의 정의를 내리기는 어렵다. 자유라는 말을 없애면 자유도 사라지고 자유 의지도 사라진다. 그런데 자유라는 말과 자유 의지라는 말이 있으니 그 말의 실체도 있는 것으로 생각하게 된다. 인간은 사실 자유가 뭔지 자유 의지가 뭔지 스스로도 알지 못한다. 그러나 자유나 자유 의지라는 말에 대한 효용성을 그대로 인정한다. 자유 의지가 없다면 인간의 죄에 대한 심판이 어떻게 가능할 것인가에 대한 의문이 있을 수 있지만, 자유 의지를 있는 것으로 가정하면 또는 합의하면 사회가 문제 없이 작동할 수 있다. 태양, 사람, 세포도 있는 것으로 가정하고 합의하면 우리는 태양에 대해, 사람의 행동에 대해, 세포와 유전자와 DNA에 대해 연구하고 활용할 수 있다. 자유 의지가 있다는 관점으로 보더라도 자유나 자유 의지란 매우 제한적으로 보인다. 몹시 화가 난 일이 있더라도 화를 꾹 참아 볼 수는 있지만 화가 나지 않게 만들 수는 없다. 이 경우 화를 꾹 참는 것은 그 상황에서 화를 내면 내게는 더 손해이기 때문에 참는 것이다. 어쩔 수 없어서 화를 참는 것을 자유 의지라고 부른다면 그 자유란 무엇인지 다시 묻게 된다. 만일 화가 났고 그것을 그대로 표출했다면 그 역시 자유라 보긴 어렵다. 화가 나서 화난 행동을 한 것은 몸속의 변화를 그대로 따른 것일 뿐이다. 배가 고프지만 참는 경우가 있다. 먹을 것을 구할 수 없어서 그럴 수도 있고 살을 빼기 위해서 그랬을 수도 있다. 배고픈 것을 참는 것은 어쩔 수 없어서 한 것으로 이것을 자유라고 하기 어렵다. 배가 고파서 내키지는 않지만 훔쳐서라도 먹었다면 이 역시 자유 의지라기보다는 배고픔을 이기지 못하고 행동한 것으로 보인다.

이 경우 정말 자유를 누리려면 배가 고픈 것을 참기보다는 배가 고프지 말자고 결정하고 그것을 실현해 낼 수 있어야 한다. 배가 고픈 상태에서 먹을 수도 있고 먹지 않을 수도 있는 상태에서 무언가를 결정했다는 의미에서 자유라고 한다면 어떤 것을 선택해도 그것을 자유라고 굳이 부르자고 한다면 못 할 것은 없겠지만 옹색해 보인다.

젊은이들에게 성적인 욕망을 자제하라고 한다면 젊은이들이 참아 보기는 하겠지만 즉시 성욕을 거두지는 못할 것이다. 그들이 할 수 있는 행동은 참든지 욕망을 실현하기 위해 무엇인가를 하든지 두 가지 경우이다. 어떤 것이든 그 욕망에서 벗어나겠다는 결정을 내리고 그 뜻을 즉시 실현할 수 없다.

자유가 주어지려면 그에 맞는 능력이 주어져야 한다. 화를 내지 말자고 결정하는 순간 즉시 평온을 찾을 수 있고, 배가 고픈 순간 배고프지 말기를 결정하여 욕구를 멈출 수 있고 성적 욕구가 분출되는 상황에서 그 욕구를 제거해 버릴 수 있는 능력이 있어야 한다. 그런 능력이 없는 상태에서 그 욕망의 포로가 되거나 어쩔 수 없이 참는 모든 행동에 대해 자유나 자유 의지라는 이름을 붙이는 것은 자유롭고 싶은 인간의 상상에 대한 위로제 정도일 뿐이다.

인간 문명의 발전으로 더 잘 먹고, 더 자주 먹을 수 있다고 해서 인간의 자유의 폭이 확대되었다고 말하기 어렵다. 선사시대나 지금이나 주어진 여건에서 인간은 배고픔이나 성적 욕망에 대해 반응할 뿐이다.

실험용 쥐에게 두 가지 환경을 설정해 놓았다. 수조에 물을 받아 놓고 쥐를 물가 한쪽 구석에 놓았다. 다른 쪽으로는 쥐가 먹을 수 있는 음식을 가져다 놓았다. 물을 건너지 않으면 쥐는 음식물을 먹을 수 없다. 그런데 이 쥐는 수영을 할 수가 없다. 쥐에게 놓인 선택지는 먹을 것을 먹기 위해 물에 빠져 죽든지, 가만히 참고 기다리며 굶어 죽든지 두 가지의 방법이 있다. 쥐는 이것을 선택할 수 있다. 이 경우 쥐가 자유 의지를 지녔다고 말할 사람들은 별로 없을 것이다. 인간의 자유라는 것도 주어진 환경에서 어쩔 수 없이 결정된다.

6.3.5 죽음과 행복에 대하여

죽었다가 다시 환생하여 자신을 죽인 사람들에게 복수를 하는 드라마가 최근 20%의 시청률을 넘기며 인기를 끌었다. 더구나 그 드라마의 주인공은 전생의 기억을 가지고 자신이 살던 시점보다 과거로 돌아가 다시 환생했기 때문에 미래를 아는 힘을 이용하여 재벌가 사람들을 혼내주고 돈과 권력을 농락하여 시청자들에게 통쾌함을 선사하고 있는 것 같다.

때로 사람들은 다시 과거로 돌아갈 수 있다면 좀 더 잘할 수 있겠다고 이야기한다. 다시 젊어질 수 있다면 실수도 줄이고 소심함도 줄이고 더 많이 사랑하며 살겠다는 이야기도 한다. 우리가 시간을 거슬러 과거로 갈 수도 없고 죽음에서 다시 환생할 수도 없기 때문에 막연히 그런 삶을 상상을 하기도 하고 그런 상상을 주제로 한 영화나 드라마가 인기를 끌기도 한다.

그러나 실제로 사람들은 죽고 나서 다시 태어나길 원할까? 내 지인 중 몇몇 사람에게 '이번 생에 죽고 나서 다시 태어날 수 있다면 다시 태어나고 싶은가?'라고 물은 적이 있다. 물론 과거의 기억이 없이 전혀 새로운 사람으로 태어나는 것이다. 대답을 한 지인들 대부분은 이번 생한 번이면 족하다고 대답했다. 나도 그렇다. 살면서 많은 기쁨과 슬픔을 겪었고 한번 살아 볼 만 하다고 생각하지만 다시 태어나고 싶은 마음은 추호도 없다. 군대에 다녀온 사람들이 한번은 가볼 만하지만 두 번은 가고 싶지 않다고 말하는 것과 비슷한 마음이지 않을까 싶다. 사람들은 누구나 행복을 추구하지만 행복하게 사는 것은 쉽지 않은 일 같다. 그리고 행복하게 사는 모습을 상상하는 것도 쉽지 않은 일이다. 내 경우 토마스 모어의 유토피아를 읽으면서 이런 세상에서 살고 싶다고 생각하지 않았다. 단테의 신곡 천국 편을 읽으면서도 그런 천국에서 살고 싶다는 생각은 들지 않았다. 그렇다면 인간이 상상하는 가장 행복한 모습은 무엇일까? 사우디 왕처럼 돈과 권력을 가진 사람들은 걱정 없이 행복하게 살 것이라고 막연하게 생각하는 사람들도 있지만 정말 그럴까? 우리나라 최고의 권력을 지녔던 박정희, 김대중, 김영삼, 이병박, 박근혜 같은 사람들은 행복하게 살았을까? 대부분의 사람들이 아니라고 대답할 것이다. 재벌가들의 비일비재한 형제싸움, 가족해체, 불행한 죽음의 모습을 보면 그들도 행복하게만 사는 것은 아닐 듯싶다. 몇몇 극단적인 종교 단체에서는 단체의 목표를 위해 순교를 하는 사람들은 죽어서 미녀 백 명과 살게 된다는 말을 하며 순교를 부추겼다는 말도 있지만 미녀 백 명과 살면 행복할까? 잠시라면 모를까, 미녀 백 명과 사는 것은 천국이 아니라 지옥일 수도 있다. 이 글을 읽는 독자들도 한번 생각해 보면 좋을 것 같다. '만일 당신이 천국을 설계할 수 있다면 어떤 모습으로 설계할 것인가?' 막연하게 행복한 세상을 꿈꾸지만 사실 사람들은 자신과 주변의 관계에서 오는 사소한 일 들에서 행복을 느끼는 것이 대부분이다. 영화의 경우 처음부터 끝까지 행복한 모습만을 그리는 영화도 없지만 만일 그런 영화가 있다고 한다면 아무도 보지 않을 것이다. 어느 정도의 갈등이 있고, 문제가 있고, 그것들을 해결해 나가는 과정에서 서로의 마음을 확인하고, 평화를 회복하는 고된 노력이 있어야 감동도 있고 행복의 크기도 더 커지게 된다. 삶에서 행복은 불행을 동반하지 않고는 유지될 수도 더 자라날 수도 없는 것 같다. 앞장 문명의 유용성에서 말했듯이 인간이 과거 수천 년 전보다 더 행복하다고 자신 있게 말할 수 없다. 그리고 미래에 더 큰 문명의 발전이 있더라도 인간이 더 행복해진다는 것은 어려운 일이다. 인간이 행복해진다는 것이 어떤 것인지 상상하기도 쉽지 않을 뿐만 아니라 인간이 행복해지기 어려운 근본적인 한계를 가진 것 같기 때문이다. 내 주변 사람들의 경우이기는 하지만 많은 사람들이 두 번 태어나고 싶지는 않다고 말할 만큼 살아가는 것이 쉬운 일이 아님은 분명한 것 같다. 그럼에도 죽음에 대해서는 막연한 두려움이 존재한다. 사는 것이 쉽지 않고 다시 태어나 살고 싶지는 않지만 죽음은 두렵고 무서운 상태이다. 그래서 사람들은 되도록 죽음을 피하려는 경향이 있는 것 같다. 더 나가서 아무런 삶의 의미도 없이 고통을 이겨내야 하는 상황에서도 죽음은 좋은 선택으로 인정받지 못한다. 이런 경우를 생각해 보자. 100명이 사는 작은 마을이 있는데 옆 마을에서 퍼진 역병이 발생했다. 마을 사람들이 모두 감염된다면 그중 1명은 죽을 수도 있는 무서운 병이다. 마을의 지도자들이 모여 어떻게 하면 좋을지 회의를 했다. 크게 보면 두 가지 방안이 있었다. 첫째는 마을 사람들을 통제하여 질병의 전염을 최대한 늦춘다. 이 경우 마을 사람 100명의 삶의 질이 떨어지고 모두가 고통받을 것이다. 두 번째는 그냥 정상적인 생활을 하면서 누군가 1명이 죽을 수도 있는 상황을 받아들이는 것이다. 이 경우 삶의 질도 유지되고 대부분의 사람들은 고통 없이 살 수 있다. 어떤 경우를 택하든 장단점이 있을 것이다.

결정을 하는 과정에서 문화적인 요인이 고려될 것이다. 이 마을 사람들이 죽음을 삶의 한 과정으로 인식하고 자연스럽게 받아들인다면 두 번째 선택을 할 가능성이 높고, 죽음을 아주 부정적인 것으로만 받아들인다면 첫 번째 선택을 할 가능성이 높다. 우리는 어떤 선택을 할까? 이번 코로나 시국에서 코로나라는 질병을 대하는 각 문화권의 대응 방식에서 적지 않은 차이를 볼 수 있었다. 어떤 나라는 정상적인 생활을 유지했고, 또 다른 나라에서는 통제를 하다가 곧 정상적인 생활로 돌아왔고, 처음부터 완벽한 통제를 실시하며 3년이 지나는 시점까지도 그 기조를 유지한 국가도 있었다. 통제가 없었거나 약한 나라는 인명의 희생이 있었지만 곧 정상을 찾았고, 통제가 강했던 나라는 인명 희생이 적었지만 국민들이 크나큰 고통과 불편을 감내해야 했고 그 상황이 끝나지 않고 지속되고 있다. 사람의 목숨이 소중하지만 살면서 삶의 질을 유지하는 것도 또한 중요하다. 얼마나 오래 사느냐보다는 사는 동안 어느 정도의 삶의 만족감을 느끼고 살 수 있는가 하는 것이 더 중요할 수 있다. 정치를 하거나 정책을 짜는 사람들은 삶을 연장하거나 유지하는 데에 비용을 쓰기보다는 살아가는 사람들의 삶의 질을 향상하기 위해 노력해야 한다. 죽음은 살아 있는 사람들 입장에서는 매우 아쉬운 일이지만 죽은 사람들에게는 다시 태어나고 싶지 않은 곳을 떠나는 것이다. 지금의 사회에서 죽음의 과정은 고통스럽다. 삶이 죽음만도 못한 시간을 보내는 사람들조차 자유롭고 안락한 죽음은 허용되지 않는다. 그리고 살아 있는 사람들의 삶의 질을 위해 쓰여야 할 비용이 원하지 않는 삶을 유지하기 위해 쓰이고 있다. 사람들에게 삶만을 권장하는 사회는 경직된 사회이며 무엇이 중요한 것인가에 대한 고민이 부족한 사회다.

많은 사람들이 다시 태어난다는 것을 원치 않는다는 말을 했는데, 다시 태어난다는 것의 철학적 의미에 대해서는 한번 짚고 넘어갈 필요가 있을 것 같다. 인도나 불교에서는 사람이 죽어 다시 태어난다고 생각한다. 전생의 업이나 연에 의해 다시 태어난다는 것인데 다시 태어나는 사람은 전생의 그 사람이 맞지만 전생의 기억은 없다. 또한 외모도 다르고 때로는 사람이 아니고 다른 종류의 동물이나 곤충으로 태어날 수도 있다. 만일 내 기억이 없다면 새로 태어난 그 사람을 나하고 연계시킬 그 무엇도 없다. 몸도 다르고, 생각도, 기억도 다른 사람을 '나'라는 틀로 묶을 방법이 없다. 영혼이라는 신비한 무엇이 있고, 나의 영혼이 새로운 몸을 빌려 태어난다면 모르겠지만 영혼이라는 것은 도대체 증명할 수 있는 것도 아니고 논의할 가치도 없는 것이다. 그러므로 다시 태어난다는 것은 아무나 태어나는 누군가를 내가 다시 태어난 것이라고 믿는 것과 아무런 차이가 없다. 다시 태어난다는 막연한 믿음은 말만 그럴듯할 뿐 아무런 의미도 없는 말장난에 불과하다. 다시 태어난다는 것을 가정한 것은 인간이 삶에 대해 어떻게 생각하는지를 파악하려는 수단적인 의미로 사용되었다는 점을 밝혀 두고자 한다.

7.
사소한 허구들

- 우리 삶에
크고 작은 허구들이 널려 있다

7.1 화가 난다

　새해에는 늘 새로운 결심을 하게 되고 계획도 세워본다. 마음먹은 대로 안 되는 것이 결심이고 계획이지만 특히 새해의 결심은 더 그런 것 같다. 올해 결심은 '화를 안 내기'로 정해 보았다. 화를 내는 이유 중 대부분은 사소한 일들이 발단이 된다. 인생의 기쁨과 행복이 사소한 일들에서 비롯되는 것과 같은 이치일 것이다. 화를 내는 일들 중 비중이 큰 것은 무시당했다고 느끼는 것이다. 교양 있는 사회에서 사람들을 공공연히 무시하는 직설적인 말들을 하는 경우는 많지 않다. 누군가의 행동이 자신을 무시하는 것으로 해석되면 화가 나게 된다. 자신을 무례하게 대하거나 아픈 부분을 건드리거나 존중받지 못했다는 느낌이 들면 급작스레 화가 나게 되고 일단 화가 나면 화난 느낌을 멈추기 어렵다. 더 문제가 되는 것은 화를 표출하는 것이다. 화를 표출하면 화를 낸 사람은 화가 난 것을 인정받아야 마음이 풀린다. 화가 난 상태에서 참으면 괴롭기는 하지만 시간이 지나면 화가 가라앉는다. 그러나 화가 표출된 후에는 화가 났다는 것을 인정받지 못하면 울화가 두 배가 되어 새로운 사단을 만들게 된다. 화가 나고 화가 표출된 상태에서는 대화를 하더라도 대화를 성공적으로 마무리하기 어렵다. 화가 표출되면 화 난 상태를 인정받아야 하는 새로운 문제가 생기기 때문에 화가 난 이유를 가지고 얘기를 해도 마음이 가라앉지 않는다. 결국 화 난 것과 화 난 것을 인정받아야 하는 두 가지를 모두 해결해야 하는 것이다. 남모르는 사람들에게 화를 내는 경우는 많지 않다. 화를 내는 대부분의 경우는 가족이나 친한 사람들인 경우가 많다. 그들과 자주 부딪히고 기대치도 높기 때문이다. 그리고 화를 냄을 당한 사람들은 모욕감을 느끼게 되어 다시 갈등이 증폭되기도 한다. 화가 나기 시작해서 화가 가라앉기까지의 시간을 재 본 적이 있는데 대략 8분 정도의 시간이 소요되었다. 8분을 어떻게 관리하느냐에 따라 삶의 질이 달라지는 것 같다. 화를 표출하면 그 시간은 걷잡을 수 없이 늘어나게 된다. 사람들은 스스로 화 난 느낌을 없앨 수는 없지만 화를 표출하지 않도록 노력하는 일은 어느 정도 가능한 것 같다. 사람이 화가 난 느낌이 드는 이유는 스트레스 호르몬이 분출되기 때문이다. 자신의 존재가 가치 없게 느껴질 때 위험을 감지하고 그에 따라 관련된 호르몬이 배출된다. 또는 호르몬이 배출되면서 위험을 느끼게 되는 것일 수 있다. 사실 인간의 모든 감정이나 행동의 발단은 호르몬의 기전에 의해 영향을 받는다고 할 수 있다. 누군가를 사랑하고, 자식들을 돌보는 것은 물론, 배고픔을 느끼는 것, 화나는 것, 무서움, 기쁨이나 슬픔 등 모든 종류의 느낌은 호르몬에 의한 영향이고 이를 벗어난 인간은 아무도 없다. 호르몬의 배출 성향과 정도는 사람들의 성향을 결정짓는 중요한 동기가 된다. 사람은 DNA의 단순한 운반자라는 주장이 있듯이 우리 몸의 주인은 호르몬이라는 주장도 역시 설득력 있게 들린다. 우리가 착한 놈, 좋은 놈, 나쁜 놈, 성질 급한 놈, 화를 잘 내는 놈, 느긋한 놈 등 많은 평가를 내리지만 결국은 호르몬이 그 사람의 내부에서 어떻게 작용하느냐에 달려 있다. 사람의 성격이 잘 고쳐지지 않는 이유는 이런 호르몬의 작용을 피해 갈 수 없기 때문이다. 그렇기 때문에 우리가 화를 내는 것은 상대방 행동의 원인이 된 호르몬에 대하여 나의 호르몬이 작용한 것으로 보인다. 그렇게 보면 화를 내는 것은 호르몬과 호르몬의 소통이자 교환인 듯하다. 사랑의 느낌이든 화난 느낌이듯 호르몬에 의해 생성된 감정들을 우리가 조절할 수는 없지만 그것의 표출에 관한 한 어느 정도의 관리가 가능하고 필요하다는 생각을 한다. 사랑의 감정이든 화난 감정이든 스스로 그것을 멈출 수 없는 것이 인간이다. 인간에게 호르몬에 저항해 다른 감정을 가지라고 요구하는 것은 돌멩이에게 걸어보라고 요구하는 것과 다를 바 없다. 이렇게 저항할 수 없는 호르몬의 작용은 사람들을 살아가게 만들지만 힘들고 지치게 한다. 관리를 하려는 것도 힘든 생활에 대한 나름의 대비책이기도 하다. 담배를 끊는 것이 호르몬에 저항하는 것이어서 쉽지 않듯이 화를 참아내는 것 또한 호르몬의 영향 때문에 쉬운 일이 아니다. 화가 나는 것을 누그러뜨릴 수는 없지만 화를 표출하지 않겠다는 다짐은 해 볼 만하다는 생각을 한다. 실패할 수도 있는 길을 가 보겠다.

7.2 돈에 대하여

언젠가 친구들의 밥값을 계산하고 밖에 먼저 나와 있었던 적이 있었다. 그런데 아무도 내게 밥값을 냈느냐고 물어보지 않았다. 더구나 누가 밥값을 냈느냐는 것이 화제가 되지도 않았다. 오랜만에 친구들에게 생색을 내고 싶었는데 아무도 물어봐 주지 않으니 조바심이 났다. 아무도 물어보지 않는 상황에서 내가 밥값을 계산했다고 말하는 것은 우스운 일이 되어 버렸다. 어쩔 수 없이 집에 와서 상황을 되돌아보면서 잠을 이룰 수 없었다. 지금이라도 전화를 해서 친구들에게 밥값을 내가 냈다고 소리치고 싶었다. 차라리 돈을 잃어버렸다면 덜 억울했을 듯싶었다. 돈이란 모양 있게 써야 하는데 아무 모양도 없이 날아가 버리고 말았다. 전 세계 누구라도 가장 아깝게 생각하는 것은 아무도 알아주지 않는 돈을 쓰는 것이다. 그런 돈 중에서 가장 대표적인 것이 세금이다. 세금을 많이 내는 사람들은 돈을 낼 때마다 화가 난다. 아무도 알아주지 않을뿐더러 세금을 많이 내면 바보라는 말을 들을 수도 있기 때문이다. 돈이 없으면 사는 것이 팍팍하고 고달프다. 심하면 가정이 해체되는 일도 생긴다. 돈은 어느 정도 일상의 여유를 누릴 정도는 가져야 한다. 그런데 그보다 훨씬 많은 돈을 가진 사람들이 있다. 사실 우리 주위에 부자들은 꽤 많이 있다. 부자들에게는 돈 쓸 곳이 많지 않다. 좋은 음식을 먹고, 좋은 차와 비싼 집에서 살아도 그것이 일상이 되면 그것으로 행복해지지 않는다. 좋은 차가 있어도 함께할 사람들이 있을 때 행복하고 좋은 차라고 말해주는 친구들이 있어야 즐거워진다. 돈이 많은 부자라고 해서 하루에 열 끼를 먹을 수도 없고 한 번에 차를 열 대씩 타고 다닐 수도 없다. 돈이 충분히 있어 먹고살 만하고 여유가 있으면 대부분의 사람들은 주위 사람들에게 인정받는 일을 하고 싶어 한다. 친구들에게 밥이나 술을 사기도 하고 학교나 공익재단에 기부를 하기도 한다. 이런 일로 사람들에게 고맙다는 말을 듣거나 칭찬을 받으면 행복해하고 보람을 느낀다. 수천억이나 수조 원을 기부하는 부자들이 있다. 이들은 자신의 돈을 남에게 인정받는 일에 쓰는 것이 아깝지 않다. 그러나 이렇게 기부를 많이 하는 사람들도 세금을 납부하는 것은 아깝게 생각한다. 남들이 알아주지 않기 때문이다. 어느 나라 정부든 세금을 걷는 것에 대한 저항에 부딪히는 것은 이런 점을 충분히 고려하지 않기 때문이다. 누구든 세금을 많이 내는 사람들에게는 그들이 만족할 수 있는 인정을 해주어야 한다. 세금을 많이 내는 사람들의 차량 번호판은 파란색으로 해준다든지, 각 지방자치 단체의 명예직 의원으로 배정한다든지 또는 공항에서 귀빈통로를 이용하게 한다든지, 각급 학교 졸업식장에서 축사를 하게 한다든지. 다양한 방법으로 세금을 많이 내는 사람들의 인정받고 싶은 욕구를 채워줄 수 있다. 사실 사람들에게 인정받고 싶은 욕망은 큰 시장이 형성되어 있다. 부자들이 돈을 쓰게 만드는 가장 큰 동기가 인정받고 싶은 욕망의 충족이라고 할 것이다. 한국 사회만 보더라도 여유 있는 나라지만 아직도 돈이 부족해 하루하루가 걱정인 사람들이 많다. 사회는 부자이고 돈은 금고에 계좌에 쌓여 있는데 어려운 사람들을 도와줄 재원은 늘 부족하다. 돈을 쌓아 놓는 사람들이 아니라 세금을 많이 내는 사람들을 사회가 인정해주고 대우해주면 부자들은 인정을 받고 가난한 사람들은 세금으로 어려움을 덜어낼 수 있다. 빌 게이츠는 왜 그의 전 재산을 기부했을까? 큰돈을 가지고 있는 것으로 얻을 수 있는 행복이 크지 않기 때문이다. 오히려 그의 돈을 기부함으로써 사회에서 인정받는 기쁨이 크기 때문이다. 돈이나 재화가 부족한 세상이 아니다. 나눔이 부족하기 때문에 굶주리는 사람들이 많은 것이다. 그것을 공산주의처럼 공평하게 나누는 것은 사람들의 의욕을 빼앗아 실패할 것이다. 열심히 일하게 하고 열심히 일한 대가로 얻은 돈을 세금으로 많이 납부하는 사람들에게는 명예를 갖게 해주어야 한다. 돈이 많은 것에 대한 막연한 환상이 있지만 어느 정도의 여유를 넘는 돈은 소비를 통한 행복의 효율이 현저히 떨어지게 된다. 백만 원짜리 점심 식사가 만 원짜리 점심 식사보다 백배 더 행복을 만들어 줄 수 없다. 한 사람이 백만 원짜리 식사를 하는 것이 가난한 사람들 백 명이 만 원짜리 식사를 하는 것보다 더 큰 행복을 만들 수는 없다. 일부가 지나치게 많이 가지고 있는 돈은 돈의 효율을 낮추고 사회적 낭비에 해당한다. 그러나 대가 없이 부자들의 돈을 빼앗아 오면 사회는 위축될 것이다. 부자들이 자부심과 명예를 얻고 정부와 가난한 사람들은 부자들의 업적을 인정해 줄 때 사회가 돈의 효용을 극대화하고 효율적 소비를 하게 될 것이다. 빈민구제는 나라님도 어쩌지 못한 다는 얘기가 있었다. 그렇지 않다. 가난한 사람들의 욕구가 아니라 부 자들의 욕구를 채워줄 때 가난한 사람들에게 돈이 돌고 사회의 행복이 커진다. 죽어가는 사람들의 힘든 삶을 연장하기 위해 돈을 쓰기보다는 살아 있는 사람들의 행복을 위해 돈을 쓰는 것이 사회의 행복을 극대 화해 줄 것이다.

7.3 인공지능

최근 인공지능의 발전이 뜨거운 이슈가 되었다. ChatGPT가 논문을 써주고 복잡한 문제나 철학적인 과제에 대해서도 답을 제시하고 있다. AI는 시를 쓰고 소설도 쓰고 그림을 그리고 음악을 만든다. 인간의 창의적인 영역을 넘어 인간이 무엇인지에 대해서도 AI가 답하게 될 것이다. 얼마 전 종교인, 정치인인 허경영의 신도 중 한 사람인 내 친구가 허경영 이름이나 사진을 붙인 우유는 몇 달이 돼도 썩지 않는다고 하며 그 우유를 마시면서 친구들에게도 그 우유를 생명수라며 권유한 적이 있었다. 이에 한 친구가 ChatGPT에 허경영이 자신의 사진이나 이름이 달린 우유는 썩지 않는다고 하는데 어떻게 생각하는지를 물었다. 몇 번의 질문 끝에 ChatGPT는 다음과 같은 답을 내어놓았다. 우유가 썩지 않는 것은 보관 상태에 달려 있다. 그 우유에 허경영의 이름을 붙이든 다른 사람의 이름을 붙이든 관련이 없다. AI가 내어놓은 답은 상식적인 것이었다. 인간의 판단력이 AI에 미치지 못하는 일이 생기고 있다. AI가 내어놓은 답이 상식이 되는 시대가 올 수도 있다. 자동차를 타고 네비를 켜고 가면 네비가 길을 알려 준다. 왼쪽에서 두 번째 길로 가라.

100미터 앞에서는 시속 60km로 서행하라. 1시 방향으로 가라. 네비가 지시를 하고 나는 그 지시를 수행하고 있다는 생각이 든다.

몇 년 전 알파고가 이세돌 프로를 이기면서 인공지능은 바둑의 세계를 바꾸어 놓았다. 인간이 수천 년에 걸쳐 만들어 놓은 바둑의 정석을 한 순간에 바꿔 놓았다. 인공지능의 수는 인간의 상상력을 뛰어넘는 것이었다. 과연 창의력이 무엇인지 상상력은 무엇인지에 대한 새로운 질문을 이끌어 내게 되었다. 데이터와 알고리즘이 있고 그 속에서 최적의 조합을 만드는 것이 창의적인 것인지도 모른다. 그것이 상상력일지 모른다. 인간과 동물의 기준이 애매하고, 동물과 식물의 기준이 애매하고, 생물과 무생물의 기준이 애매하듯, 인간과 기계의 차이도 애매해지고 있다. 인간의 육체노동을 대신했던 기계가 인간의 생각을 대신하고 창의적인 업무를 대신하고 있다. 인간의 목표에 다가가고 있는 것은 아닐까? 고된 일은 기계가 하고, 복잡한 일은 AI가 하고 인간은 욕망을 충족하고 즐기는 일에 전념할 수 있는 세상이 오지 않을까? 인간의 고유의 영역이 침탈당하고 일자리를 빼앗길 것이라는 우려는 기우일 것 같다. AI가 인간이 알고 있는 것보다 훨씬 많은 것을 단시간에 알아낼 수 있지만 아무 일도 일어나지 않을 것이다. 왜냐하면 안다는 것, 그것은 아무것도 아니기 때문이다. 안다는 것은 합의되는 것이며 AI는 합의의 주체가 아니기 때문이다. AI가 됐든 인간이 됐든 생산되는 정보는 이성과 동일한 영역이며, AI 역시 이성의 감옥에 갇혀 있다. 왜냐하면 감옥에 갇힌 인간이 만들었기 때문이다. 다만 기계와 AI에 의한 생산성 향상으로 인간은 여유로운 시간을 갖게 되고 즐기는 것이 주요한 일이

될 수 있을 것 같다. 즐기는 것마저 AI에게 내주는 일만 없다면 인간의
미래는 한동안 나쁘지 않으리라.

7.4 수준 있는 사람과 수준 없는 사람

친구들과 회식을 하다 보면 특별히 맛에 대해 민감한 친구들이 있다. 맛의 작은 차이를 감별해 내고 지역의 맛집들에 대해 촘촘한 평가를 하기도 한다. 고기와 회의 다양한 숙성상태를 찾아내고 양념의 내용물과 조리 방법에 대한 차이와 과정을 살짝 맛보는 것으로 복원해 내기도 한다. 그리고 그런 맛의 차이를 감별해 내는 능력에 대해 자부심을 드러내기도 한다. 아무거나 입에 착착 달라붙어 맛있게 먹던 나는 맛의 감각이 부족하고 입이 싸구려라는 생각을 하곤 했다. 그런데 어느 날 문득 내가 입이 싼 것이 아니라 행복을 타고난 것이 아닌가 하는 생각을 하게 되었다. 미세한 맛의 차이로 쾌감과 불쾌감이 갈리는 사람들보다는 무엇을 먹어도 맛있는 것이 더 나은 것이 아닐까 하는 생각이 들었다. 값싼 소주를 맛있게 마시는 사람도 있고 비싼 위스키도 미묘한 맛을 걸러내서 불평하는 사람도 있다. 와인 같은 경우도 나는 만 원 하는 와인과 백만 원 하는 와인을 구별하지 못한다. 입에 대면 다 달콤하다. 이성과 교제하는 경우에도 외모가 출중한 사람을 만나야 즐거운 사람도 있고 어떤 상대와 만나도 상대방의 다양한 매력을 찾아 즐거운 사람이 있다. 음악이든, 음식이든, 패션이든 우리가 누리는 문화에는 어떤 수준이 있다. 그 수준에 도달하지 못한 것은 싸구려가 되고 수준에 도달한 것은 비싼 값을 받거나 비싼 값을 치러야 한다. 많은 사람이 수준 높은 문화를 소비하기를 원한다. 수준 있는 음식과 수준 있는 차와 집, 수준 있는 패션과, 수준 있는 이성과의 교제는 성공한 사람들의 공식적인 치장물이다. 그런데 수준에 대한 감각이 부족한 사람들은 능력이 된다 하더라도 수준 있는 문화를 누리기 어렵다. 수준 있는 사람들은 돈만 있다고 되는 것이 아니라 주변 환경이 지지해주고 자기만의 감각도 가져야 하는 것이다. 수준에 대해 판별할 수 있고 일정 정도의 깊이를 가져야 하며 그런 수준에 대해 인정하고 교류할 수 있는 사람들이 필요하다. 높은 수준을 누리는 사회집단에 소속된 사람들은 특권 의식을 가지고 그 집단에 소속되지 못한 사람들의 선망의 대상이 되기도 한다. 수준이 없는 사람들의 수준이 있는 사람들에 대한 선망은 수준이 있는 사람들이 수준이 떨어지는 사람들과는 교류하기를 꺼려하기 때문에 증폭될 수도 있다. 그러나 행복한 삶이란 면에서 본다면 수준이 높은 사람보다는 수준에 대한 감각이 떨어지는 사람들이 더 행복해 보인다. 아무거나 맛있게 먹는 사람들이 가려 먹는 사람들보다 더 행복해질 수 있는 이유도 그중 하나가 될 것이다. 수준이 떨어지는 옷이나 차를 타도 즐거운 사람은 특정 상황에서만 행복을 느끼는 사람보다 행복의 폭이 더 넓다고 할 수 있다. 수준 높은 곳에서 생활하는 사람들을 부러워할 필요는 없다. 행복의 기반이나 폭이 약하고 좁기 때문이다. 오히려 수준을 무시하거나 수준에 대한 개념이 없는 사람들은 언제 어떤 곳,

어떤 상황에서도 행복을 끄집어낼 수 있는 큰 능력을 갖춘 사람들이다.
수준 있는 사람, 그것 참 별것 아니다.

7.5 인구 문제

우리나라 가임기 여성이 평생에 걸쳐 낳을 것으로 기대되는 합계출산율이 0.78명이라는 발표가 있었다. 세계적으로도 우리의 출산율은 가장 낮은 나라에 속한다. 출산율이 줄어들고 있는 이유로는 혼인 준비 과정과 결혼 후 과도한 비용이 발생하며 안정적인 주거 마련이 어렵다는 분석이 있다. 낮은 출산율의 원인이 대체로 경제적인 문제에 중점을 두고 있는 듯하다. 그러나 과거 지금보다 소득이 훨씬 낮고 주거 여건도 열악했으며 여성들의 가사 노동을 줄여주는 각종 가전제품이 없던 시대에는 높은 출산율을 이어왔다는 것을 고려하면 단지 경제적인 문제로 출산율이 저하된다고 보기는 어려운 면이 있다. 여기에는 자식들이 경쟁 시대에서 어렵게 살아가야 하는 미래가 불안한 면도 있을 것이고 거꾸로 과거에 자식들의 노동력과 효도에 기대는 문화가 사라진 이유도 있을 것이다. 또한 출산과 육아의 번거로움을 피하려는 이유도 깔려 있을 것이다. 50년 전인 1970년대 초반 국민소득 1,000불이 넘지 않던 시대와 비교해 30배 이상 잘사는 선진국이 되었는데 지금의 세대는 당시보다 경제적인 어려움을 더 깊이 체감하고 있으며 미래에 대한 희망도 줄어들었다고 볼 수 있다. 또한 주부의 가사노동을 획기적으로 줄여주는 냉장고, 세탁기, 탈수기, 건조기, 청소기, 식기세척기, 가스레인지, 전자레인지 등이 있지만 가사노동에 대한 부담감은 예전보다 줄지 않았다. 신생아를 위한 일회용 기저귀, 병원, 보육시설 등을 언제든 이용할 수 있지만 육아에 대한 부담감은 높아지고 기꺼이 떠안으려는 책임감은 오히려 줄어들었다고 볼 수 있겠다. 인터넷과 SNS의 발달로 소통이 비약적으로 늘었지만 외로움을 더 느끼게 되는 현대인의 아이러니가 출산율의 원인 분석에서도 유사하게 드러나는 것 같다.

한편 인구 문제는 양면성을 가지고 있다. 하나는 세계 인구의 급격한 증가의 문제이며 또 하나는 선진국의 상대적 인구 감소 문제이다. 중국도 2023년을 기점으로 인도에 세계 최대 인구국 지위를 물려주면서 인구감소를 걱정하고 있다. 인구가 줄어드는 문제는 국가별 문제이며 인구가 늘어나는 문제는 세계적인 문제이다. 세계 전체를 놓고 보면 특정 국가의 인구 감소는 문제가 될 수 없으며 각 국가 입장에서는 세계적인 인구 증가는 문제가 되지 않는다. 국가 단위에서는 생산가능 인구의 증가는 국력의 증대에 필수적인 요소라고 여긴다. 따라서 국가의 문제가 풀리면 세계적 문제는 더 꼬이는 역설이 생긴다. 인구가 늘어도 여유 있는 국가에서는 인구가 줄고, 현재의 인구도 감당하기 어렵게 보이는 나라의 인구는 늘고 있다. 이 역시 아이러니한 일이 아닐 수 없다. 문제를 우리나라에 한정해 놓고 보면 인구가 줄어드는 문제는 큰일이 아닐 수도 있다. 살기 좋고 희망이 있는 나라를 만들면 출산율이 늘어날 것이다. 그것이 안 된다면 남북한이 통일을 이루면 나라의 면적도 늘어나고 갑자기 삼천만 명 이상의 인구가 새로 생기게 된다. 그도 아니라면 인구가 넘치는 나라의 사람들을 받아들여 다민족 국가로 거듭나면 될 일이다. 우리나라에서 직면한 인구 문제는 민족의 문제이다. 우리 민족 우리 국가의 강성함이나 세계적 위상이 줄어들지 모른다는 불안감이 큰 것이다. 단일한 민족이 융성해지는 것은 추구할 만한 목표가 아니다. 많은 사람들이 모여 함께 잘사는 것이 인류를 위해 좋은 일이다. 인구 문제는 세대 문제이기도 하다. 늙어가는 사람들을 부양할 경제활동 인구가 줄어든다는 문제이기도 하고 젊은 세대들의 부담이 증대한다는 문제이기도 하다. 사실 어려운 노인들이 많은 것도 사실이지만 한국의 부 대부분을 가지고 있는 것은 실버세대이다. 노인들이 자녀들에게 물려줄 생각을 하지 않고 소비활동을 적극적으로 한다면 젊은이들의 취업이 쉬워지고 삶의 질이 개선될 것이다. 미래세대의 부담에 대해 걱정해서 미래세대에게 재산을 물려줄 생각을 하지 말고 돈을 적극적으로 쓰는 것이 미래세대를 위해 더없이 좋은 일이 될 것이다.

한때 국가의 발전을 이끌었던 민족주의는 이제 다문화주의로 바뀌고 있고 바뀌어야 한다. 과거 오스만 제국이나 소비에트 연방, 유고 연방 등은 많은 민족과 문화로 이루어진 다문화 국가였다. 그들은 민족의 정체성과 제국에 대한 자부심을 같이 가지고 있었다. 그들의 제국이 무너지고 민족들이 각기 국가를 만들어 독립하면서 다문화주의가 무너지고 한 국가에서 주류와 소수민족이 구분되고 소수가 다수에 의해 차별을 받기에 이르렀다. 그러자 내전이 일어나고 민족 말살 등의 끔찍한 학살들이 벌어지게 되었다. 여러 아프리카 국가들도 마찬가지 과정을 거쳤다. 순혈주의는 뜻도 애매하고 가능하지도 않으며 바람직하지도 않다. 우리를 넓히겠다는 개방형 마음을 가지면 인구 문제는 더 이상 우리의 문제가 아니다. 인구 문제, 그것은 편협함에서 비롯되는 것이며 아무것도 아니고 허구이다.

7.6 선택과 공감

이민진 소설 파친코에는 다양한 사람들의 선택이 나온다.

목사인 이삭은 신앙의 신념으로 남의 아이를 가진 선자와 결혼하기로 한다.

선자는 어려운 상황에서도 자신의 아들인 노아의 친부 한수의 도움을 거절한다.

일본에서 이삭의 선배인 유 목사는 친동생의 학비를 벌기 위해 일본인 유부남의 도움을 받는 한 남매의 누나를 나무라고 동생이 학교를 다니지 못해도 유부남과 헤어지라고 가르친다.

이삭의 형인 요셉은 화상으로 병원 신세를 지고 있고 많은 치료비를 감당할 수 없으며 가족들에게 고통을 안겨주자 지인인 창호에게 자신의 아내인 경희와 결혼하라고 말한다.

창호는 요셉이 죽기를 기다려 경희와 결혼하고 싶지만 조국을 위해 이바지해야 한다는 사명감으로 해방된 북쪽 조국을 향해 떠나기로 한다.

경희는 창호와 함께 북한으로 떠나고 싶지만 자신의 남편인 요셉을 떠날 수 없다고 생각한다.

선자의 아들인 노아는 자신이 존경하던 아버지가 친아버지가 아니고 야쿠자 두목이 친아버지라는 사실을 알고는 성공이 보장된 와세다 대학을 중퇴하고 끝내 자살로 생을 마감한다.

노아의 동생인 솔로몬은 사랑하는 여자인 피비를 미국으로 떠나보내고 가족들이 살고 있는 일본 땅에 남기를 선택한다.

인간의 선택이라는 것이 이것도 좋고 저것도 좋은 선택은 별로 없다. 이렇게 하면 이게 문제고 저렇게 하면 저게 문제인 경우가 대부분이다. 어떤 쪽으로 선택해도 좋은 경우라도 둘 모두를 다 가지지 못하는 것이 선택이다. 선택이라는 것은 어쩔 수 없이 내몰리는 상황에서 스스로에게 덜 괴로운 쪽으로 기울게 되는 뇌의 알고리즘이라고 볼 수 있다. 그렇기 때문에 인간의 자유 의지라는 것이 선택을 할 수 있는 것을 의미하는 것이라면 자유라는 이름을 붙인다는 것은 적절한 용어라고 할 수 없겠다. 누나가 몸을 팔아 어린 동생을 먹이고 가르치는 것과 비록 못 먹고 못 입고 동생이 학교도 다닐 수 없지만 사회가 요구하는 올바른 덕목을 지켜 가는 것은 무엇을 택해도 누나에게는 고통의 길일 것이다. 경희가 연정을 품고 있는 창호를 따라 남편 곁을 떠나든 아픈 남편 곁을 지키며 사랑하는 사람을 보내든 경희의 일생은 온통 잿빛일 것이라는 것은 분명하다. 그 상황에서 선택을 해야 하는 한 인간의 능력으로는 남편도 지키고 사랑하는 남자와 함께 떠나기도 할 수 없다는 한계에 서 있는 것이다. 우리가 선택할 수 있다는 것은 허구다. 인간은 선택에 내몰리는 것이며 선택에 내몰리는 이유는 환경과 상황에 대한 인간 역량의 한계 때문이다. 따라서 선택은 인간의 권리이고 자유가 아니라 인간의 의무이자 족쇄이다. 자유와 선택 그것들은 허구이다.

7.7 더러운 것, 깨끗한 것

아들 중 하나가 깨끗한 것에 민감해 먼지나 병원균 등에 대해 걱정을 한다. 신발 바닥에 묻은 먼지 등을 통해서 동물의 배설물이나 나쁜 균이 묻을 수도 있어서 실내에서 신는 슬리퍼의 사용도 장소마다 다르게 배치해야 한다고 믿는다. 손도 수시로 씻고 씻는 시간도 지나치게 긴 것 같다. 그러면서 문득 더럽다는 것에 대해 생각해 보게 되었다. 우리가 더럽게 생각하는 대표적인 것은 사람이나 동물의 배설물, 토사물, 동물의 내장, 내뱉어진 침이나 가래 등이 있다. 그런데 그런 것들은 사실상 우리 몸속에 있던 것들이다. 우리 몸속에 있는 동안은 우리 몸속에서 중요한 역할을 하던 기관 또는 우리를 지탱하는 신진대사의 잔해물로 우리를 구성하던 것이지만 몸 밖에 노출되는 순간에는 더러운 것이 되고 만다. 배설물에서 불쾌한 냄새가 나는 것이 사실이지만 불쾌한 냄새가 나는 된장, 과메기, 삭힌 홍어를 더럽게 보지는 않으며 오히려 즐기는 사람도 많이 있다. 더러운 것에는 몸에 좋지 않은 것이 있어서 더럽게 생각한다고 할 수 있겠지만 케이크나 초콜렛 등, 당뇨환자들에게 독이 될 수 있는 것들을 더럽게 생각하지 않는다는 것을 고려한다면 몸에 좋지 않기 때문에 더럽다고 하는 것도 아닌 것 같다. 또한 남의 침이나 분비물은 더럽고 몸에 좋지 않은 세균이 가득할 것으로 간주하지만 사랑하는 남녀는 성적인 관계를 통해 침과 분비물을 교환하며 그런 행위를 성스럽고 아름다운 일로 기억하기도 한다. 쥐나 뱀이 더럽다고 생각하지만 쥐를 산 채로 잡아먹는 고양이는 귀엽다고 생각하는 사람이 많다. 쥐나 뱀을 잡아먹는 고양이에게 쥐나 뱀은 더러운 것으로 인식되지 않을 것이다. 쥐가 각종 전염병을 옮기는 것은 사실이다. 그러나 쥐보다 더 심각한 병을 옮기는 모기에 대해서는 더럽다고 생각하고 있지는 않으며 성가시다는 정도의 인식이 일반적인 듯하다. 더럽다는 것은 인간의 생각인 것 같다. 더럽다고 느끼는 것도 시간과 장소 상황에 따라 달라지기도 하고 문화에 따라 달라지기도 한다. 인류가 건강을 획기적으로 개선할 수 있었던 가장 중요한 요인 중의 하나가 비누의 발명이라 하지만 더럽다는 것에 대한 막연한 공포나 혐오는 과학적이기보다는 심리적 문화적 체험이나 합의로 보인다. 무서운 것, 싫은 것, 나쁜 냄새가 나는 것 등이 개별적으로 때로는 뭉뚱그려져 더럽다는 인식을 갖게 하는 것 같다. 예전에 똥을 자원으로 여겨 남의 집 변소에 가서 일을 보는 것을 낭비라고 생각하기도 했고, 쥐나 벼룩·이와 한 집안 또는 한 이불 속에서 살아야 했던 때도 있었다. 그때는 더럽다는 것에 대해 무뎌 있던 시절이기도 했다. 더 좋은 환경에서 더 좋은 약과 더 좋은 항생제를 가지고 있는 상황에서 갈수록 더러운 것으로 여겨지는 것이 많아지고 있다. 더러운 것을 두려워하는 문화가 확산되고 있기도 하다. 우리 아들이 더러운 것이 무엇인지 좀 더 생각해 봤으면 좋겠다. 더러운 것을 더 넓히지 말고 막연한 두려움에서 한 발짝 거리를 둘 수 있기를 기대한다.

『제3우주론』에 관한 서평

『제3우주론』적 쌍안으로 바라본
'어떻게 살 것인가'

송지윤

철학의 태동기, 소크라테스로부터 처음으로 소크라테스적 질문, '그것이 무엇인가(ti esti)?'라는 질문이 태어났다고들 한다. 무언가의 '좋음', 본질, 목적, 다시 말해 '정의'를 묻는 소크라테스적 질문은 고대 희랍인들을 성가시게 하고, 소크라테스 자신을 공동체 사람들의 눈 밖에 나게 했으며, 끝내 소크라테스 자신의 절멸을 불러왔다. '아름답고도 좋은 것', 대체 그것이 무엇인지는 소크라테스 그 자신조차 모른다고 말했다. 이러한 질문은 모든 지식의 근간이 되고 인간 호기심의 가장 근저에 있으면서 동시에 까다롭다.

소크라테스는 사라졌지만 플라톤은 그의 질문에 '이데아'에 참여하는 것이라고 대답했다. 아리스토텔레스는 '부동의 원자'로부터 움직여지는 것이라고 답변하며 가장 근원적이기에 답변이 될 수 없는 것에 대한 질문을 회피했다. 데이비드 흄은 '인상'으로 환원되는 것이라고 주장했고, 칸트는 알 수 없는 '물자체'라고 고개를 저었다.

우주에 대해 이야기한다는 것은 삼라만상의 '모든 것'에 대해 이야기한다는 것일 테다. 전 우주를 재정립하겠다고 천명하는『제3우주론』은 이 오래된 근원적 질문을 다시 한번 깨운다. '그것'이 무엇인지조차 알지 못하면서 '그것'에 대해 논해온 수천 년 인류 역사의 산물은 모두 모래성과 같아서 너무나도 쉽게 스러진다는 것이다.

그렇다면『제3우주론』이 정립하고자 하는 '보다 공고한 성채'는 어디에 기반하는 것인가?『제3우주론』이 말하는 '그것이 무엇인가'? 한쪽에는 경험주의, 한쪽에는 회의주의의 렌즈를 끼운 쌍안경.『제3우주론』을 그렇게 빗댈 수 있겠다.『제3우주론』에서 저자는 이러한 쌍안경을 통하여 우주를 바라보고 또 풀이한다. 우주는 모두 우리의 경험에서 출발한 허구라는 것이다.『제3우주론』의 이러한 시각은 계속해서 데이비드 흄을 상기시킨다.

신에서 과학, 즉 신앙에서 이성으로 권위가 옮겨 감에 따라 우주를 바라보는 시각 또한 신적인 우주론에서 과학적 우주론으로 이동했다. 우주는 곧 모든 것이다. 우주론의 무게가 신적인 우주론에서 과학적 우주론으로 옮겨갔다는 것은 모든 것을 신을 중심으로 보던 시각에서 과학, 즉 이성을 중심으로 보는 시각으로 옮겨갔다는 것을 의미할 테다.『제3우주론』은 이러한 신에서 이성으로의 권위의 이동이 우리에게 더한 진실성을 보장해주지 않는다고 말한다. 이성 또한 신만큼이나 진실하지 못하고, 믿을 것이 못 되기 때문이다.

'이성이 왜 믿음직스럽지 않은가'라는 질문에 대해,『제3우주론』은 '이성의 감옥'을 답변한다. 이성의 감옥이란 '인간의 이성이 넘을 수 없는 네 가지 장벽'으로, '감각 기관의 감옥', '뇌의 감옥', '언어의 감옥', 그리고 '주체의 감옥'으로 이루어져 있다. 만약 실재라는 것이 존재한다고 해도, 우리는 우리 뇌의 처리 재료인 감각 내용이 실재와 일치한다고 신뢰할 수 없고, 뇌의 처리 결과가 실재와 일치한다고 신뢰할 수 없고, 이성의 도구인 언어가 실재와 일치한다고 신뢰할 수 없다. 뇌의 자기 인식인 '나'가 어떤 것이 실재와 일치하는지 여부를 판단하는 주체가 될 수 있다는 명제 또한 신뢰할 수 없다. 이 네 감옥은 인간 이성의 산물을 실재로부터 분리한다. 우리가 감각하고, 생각하고, 언어화하고, 판단하는 모든 것은 실재와 연결될 가망이 없어 보인다.

이처럼 불확실한 이성을 토대로 쌓아 올린 과학적 지식 또한 그것이 실재와 일치하는지 알 수 없고, 그것이 인류에게 얼마나 많은 유용성을 가져다 준다 하더라도 신뢰성의 영역에서는 신적 지식과 다를 바 없다는 것이다. 이에 따라 『제3우주론』은 신적 우주론과 과학적 우주론에 대한 대안으로 '제3우주론'을 제안한다.

'제3우주론'은 실재는 존재하지 않으며, 인간이 실재를 만들어 낸다는 관점이다. 속이 빈 원자들을 해, 달, 별, 그리고 꽃으로 만들어 내는 것은 인간의 인식이다. 속이 빈 원자들을 만들어 내는 것 또한 인간의 인식이다. 무로부터 유를 창조해 내는 것은 우리의 뇌이다. 이러한 관점에 따르면 인간은 실재가 존재한다는 믿음으로부터 비롯된 허구를 걷어내고, 그 자리에 대신 합의를 통해 만든 우주, 윤리와 평화를 놓을 수 있다. 이러한 우주와 문명은 검증되지 않은 믿음을 제거한 토대 위에 세워진 공고한 성채이다. 인간 인식의 한계를 인정하는 겸손으로부터 출발해 인간을 신적인 위치에 데려다 놓는 것이다.

'이성의 감옥'에서 주장하는 바와 '제3우주론'의 인식론과 생명론 등의 내용은 상당히 설득력 있는 주장을 내포하고 있다. 한 가지 의심스러운 것은, '인간은 실재를 인식할 수 없다'는 '인간의 인식'이 실재의 비존재를 입증하는가 하는 것이다.

가령 텅 빈 무중력실에 어떤 감각 기관도 기능하지 않는 사람이 떠 있는 것을 상상해 보자. 이 사람은 자기 내면세계라는 계(system) 안에 갇혀 외부 세계를 인식하지 못할 것이다. 이 사람은 자기 내면세계만이 유일한 실재라고 인식할 것이고, 그 외의 다른 실재는 생각하지 못할 것이다. 그러나 이 사람이 외부 세계를 인식할 수 없다는 사실, 실재를 완전히 인식하지 못한다는 사실은 이 사람에게 실재 인식 능력이 없다는 사실일 뿐, '외부 세계가 존재하지 않는다'라는 사실이 아니다.

마찬가지로 인간은 '거대한 태양'을 보지만, 태양을 이루는 원자들은 텅 비어 있다고도 한다. 실재는 '거대한 태양'일 수도, 텅 빈 원자 덩어리일 수도, 제3의 것일 수도 있다. 혹은 그 무엇도 아니며 존재조차 하지 않을지도 모르겠다. 그러나 인간이 아무리 실제와 다르게 감각하고, 생각하고, 언어화하고, 판단한다고 한들, 그것이 곧바로 실재의 비존재로 직결되지는 않는다.

이번에는 앞서 말한 어떤 감각 기관도 기능하지 않는 사람이 꿈을 꾸는 것을 상상해 보자. 이 사람은 우리가 살아가고 있는 현재 세계와 동일한 세계에 살아가는 꿈을 꾸고 있다. 그러나 어떤 외부의 미지의 힘이 작용해 이 사람이 학교에 가는 꿈을 꾸면 외부 세계에서도 동일하게 학교에 가게 하고, 밥을 먹는 꿈을 꾸면 외부 세계에서도 동일하게 밥을 먹게 한다고 하자. 이 사람은 외부 세계를 인식하지 못하고, 외부의 힘을 이해하지도 못한 채 자신의 내부 세계 속에서 살아가고 있지만, 이 사람의 외부 세계에 대한 인식과 외부와의 연결고리에 대한 이해와는 무관하게 이 사람은 여전히 외부 세계와 연결되어 있다.

만일 인간이 '이성의 감옥'에 갇혀 있는 존재라면, 외부 세계의 존재와 비존재에 대해서는 어떠한 것도 확증할 수 없는 것이다. 인간이 자신의 뇌에 갇힌 존재라면, 인간이 외부 세계에 대하여 할 수 있는 말은 오로지 칸트의 말과 같이 '물자체에 대해서는 알 수 없다'뿐이다.

한 편으로는 이처럼 생각할 수도 있다. 인간이 실재를 인식하지 못한다는 결론이 따라 나오는 논의 중 하나는 다음과 같이 진행된다.

p1: 인간의 감각은 거대한 태양을 본다.
p2: 인간의 이성은 텅 빈 태양을 안다.
p3: 태양의 실재가 거대한 태양인 동시에 텅 빈 태양일 수는 없다.
q: 인간은 태양의 실재를 인식할 수 없다.

q는 인간이 태양의 실재가 무엇인지 알 수 없다는 명제와 동치이다. 인간이 실재가 무엇인지 알 수 없다는 결론을 받아들인다면, 인간은 실재에 대한 앎이 아닌 무엇을 근거로 p3을 옳은 전제로 판단하는가? '어

떠한 것이 a인 동시에 not a일 수 없다'라는 모순률은 인간의 이성에 근거한 것이다. 실재가 인간 이성의 논리에 따르지 않는 초월적인 것이라면, 그 대상이 모순율을 따른다는 근거는 어디에 있는가? 위 논증의 결론은 이미 참인 것으로 간주된 전제를 공격하게 된다. 오히려, '태양의 실재는 '우리의 감각에는 a라고 인식'되고, '우리의 이성에는 b라고 인식 '된다'는 새로운 p3은 다른 전제와 부딪히지 않고 모순율의 통제 하에 문제없이 받아들여지는 것처럼 보인다.

인간이 실재를 인식할 수 있는지는 모르겠지만, 인간이 실재를 인식할 수 없다고 단정 짓기도 어려워 보인다. 당장은 인간의 실재 인식 가능성에 대하여 '인식할 수 있는지 없는지 알 수 없다'라고 답하는 것이 최선인 듯하다. 물론 위의 논증들을 논파하고, 실재는 존재하지 않으며 실재를 만드는 것은 인간이라는 주장을 관철할 논증이 존재할 수도 있다. 실재의 인식 가능성과 실재의 존재 사이의 문제는 복잡한 문제이므로 추가적인 담론이 필요할 듯하다.

그러나 『제3우주론』에는 실재의 인식 가능성이 실재의 존재성으로 직결되는가보다 중요하고 주목해야 하는 통찰이 있는 듯하다. 인식론에서 수학을 받아들이는 태도를 꼬집는 부분이 그러하다. 수학적 이론이 우리 세계와 연관된다는 것은 그 자체로 명증한 것으로 널리 받아들여지고 있다. 그러나 수학적 이론의 출발 또한 일정 부분 자의적이고 감각적이라는 지점은 여전히 해명되지 못한 채 남아 있다. 비생명으로부터 생명을 구분 짓는 것 또한 마찬가지이다. 우리 세계에 대한 인간의 자의적인 구분과 해석을 비판하는 것은 실재의 인식 가능성이나 실재의 존재성과는 무관하게 그 자체로 정당하며 필요한 것이다. 우리 세계에 대한 자의적 구분과 자의적 해석은 더 많은 유용성을 가져오기에 더 자주 채택되지만, 우리를 그만큼 진리로부터 멀어지게 하기 때문이다.

실재가 존재하든 존재하지 않든, 혹은 인간이 실재를 인식할 수 있든 없든, 충분한 진실성이 뒷받침되지 않은 인간의 자의적 구분이 수많은 해악을 낳는다는 『제3우주론』의 지적은 여전히 유효할 뿐 아니라 가치를 지닌다. 인간의 자의적 구분, 그리고 실재와의 일치 여부를 적확하게 판가름할 수 있을 때에, 자신의 자의적 의견이 실재와 일치한다는 누군가의 허구적인 주장에 휘둘리지 않을 수 있을 것이다. 또한 허구와 실재를 구분하는 눈을 길러야, 실재를 호도하고 해악을 끼치는 허구에서 벗어나 진정한 유용성을 가져오는 합의로 나아갈 수 있을 것이다.

『제3우주론』 서평문

이나무

사람을 설득하는 일은 매양 어렵게 느껴진다. 나의 의사를 정합적으로 전달하되 너무 장황해서는 안 될 일이며, 상대의 입장과 상황을 고려해야 하겠지만 과도하게 타협하면 설득의 의미가 죽는다. 서로를 완전히 이해하는 것이 가능한 일이라면 더할 나위 없이 좋겠으나 다른 언어를 사용하고 다른 사고구조를 가진 각자가 서로를 완전히 이해하기가 어렵다. 설득은 실로 어려운 일이 되어가는 것 같다.

철학과에 다닌다고 이야기하면 사람들은 철학 이야기를 해 달라고들 한다. '철학 이야기'라니 무슨 답변을 내놔야 만족스럽게 될까 고민하다 결국 꺼내 놓는 것은 한 가지다. 바로 '존재론적 신 존재 증명'이다. 사실 대화의 실마리를 이어가고 싶어 하는 상대에게 참 미안한 일이지만 학부 2학년을 겨우 다닌 나에게 '철학 이야기'를 물어봐야 정돈된 말을 하기가 어려워서 다음 화제로 넘어가자는 차원에서 일부러 꺼내는 주제다. 그런데 재밌는 점은 다들 비슷한 반응을 보인다는 것이다. '논리적이지만 이해가 안 간다.', '무슨 말인지는 알겠지만 받아들이기가 어렵다' 등 이해와 설득에서 어려움을 표현하는 일이 잦다. 나는 그럴 때마다 앞서 말한 설득의 어려움을 다시 상기한다. 그리고 설득에는 어떤 기술이 필요한지에 대해서도 고민하곤 한다.

『제3우주론』은 '존재론적 신 존재 증명'의 희생자들이 느꼈을 정도의 낯섦을 준다. 우주론이라는 토대를 건드려 지성의 실체에 대해서 재고해 보자는 주제 의식은 본 권이 주는 낯섦의 주원인으로 생각된다. 무언가를 들춰서 다시 살펴보자는 것은 그것을 당연하게, 마치 숨 쉬듯이 사실이라고 여겨온 사람에겐 매우 낯선 일일 것이다. 다만 그런 낯섦을 이겨내고 고민하는 것을 멈추지 않은 사람들에게 비범한 진보의 단서가 주어져 왔음을 우리는 익히 알고 있으며 이는 초등학생에게도 비판적 사고의 중요성을 가르치는 이유가 될 것이다.

비판적인 사고는 누구에게나 권장되지만 아쉽게도 모든 이가 그런 삶을 유지하지는 않는다. 삶에 지장이 가지 않는 선에서 순응하고 타협하기도 하면 종교나 미신 등에 자연스럽게 녹아들어 살아가기도 한다. 때로는 그 정도가 과해 남이 보기에 불안한 상태를 유지하는 사람들도 있다. 최근에는 모 다큐멘터리를 통해서 그런 삶이 적나라하게 드러나기도 했다. 그렇다면 기존의 것에 비판적인 기조를 지닌 이론이 대중에게 다가설 때 고민해야 하는 지점 중 하나가 명확해진다. 어떤 기술을 가지고 그들에게 접근해야 하는지가 그것이다.

본인은 현재 군 복무 중인 휴학생으로 pdf 파일을 인쇄해서 짬짬이 읽었다. 그러던 와중 종이 뭉치를 들고 다니는 모습이 눈에 띄었는지 생활관 내 전우들이 몇 번씩 가져다 읽어서 나름 내용을 알게 되었다. 어쩌다 보니 본 권에 관해서 이야기하게 되었는데, 대체로 인식론적인 부분에서 흥미를 느끼는 모양이었다. 그러나 윤리학에 이르러서는 대체로

의구심을 보였다. 그들에게는 과도하게 비현실적으로 다가온 것 같다. '어떻게 삶에 적용할 것인가'라는 대목에서 생겨난 거부감이 비판적인 사고와 그것을 적용하는 과정에서 일어나는 괴리라는 것을 포착한 게 꽤 인상적이었다. 심지어 전우들은 인식론에서는 상당히 동조하기까지 하는 모습을 보였기 때문이다. 이 부분에서 설득의 어려움이 다시 떠올랐다. '이해는 하지만 받아들이기가 어렵다.' 전우들이 처한 상태는 별다른 것이 없었다. 그들은 개인적인 부분에서 거부감을 느꼈을 것으로 생각한다. 모태신앙이어서, 제시된 삶의 방향이 본인과는 맞지 않아서 등등 이유야 많을 것이다. 어찌 됐든 결과적으로 본 권의 윤리학이 그들을 설득하지 못한 것이다.

비판적인 사고에 따라 삶을 바꿔 나가는 것이 얼마나 어려운지 새삼 실감하게 되었다. 인식론에 동의하면서 도출된 윤리학에는 동의하지 못한다. 논리적인 결함 때문이 아니라 처한 상태 때문에 설득에 실패했다는 것은 비판적 이론이 대중에게 영향을 미치고 삶의 변화를 유발하려면 근거를 갖는 것에 더해서 설득의 기술을 사용해야 하는 것이 아닌가 하는 생각을 하게 만든다. 그러나 비판적인 사고의 주체에게 대중을 설득한 것을 요구하는 것이 과연 온당한 일인지 역시 생각해 볼 일이다. 대중을 설득하다 보면 그 길엔 타협이란 함정이 도사리고 있기 때문이다.

인공지능이 발전하면서 생명의 개념에 큰 모호함이 생긴 것처럼 때로는 비판적 이론이 현실로 다가와야 설득의 힘을 얻을 수 있지 않을까 하는 생각도 든다. 비판적으로 사고하기가 어려운 상황에서 그러한 이론에 동의하고 삶으로 옮기는 것은 더욱 힘들어하는 사람들에게는 현실의 체험이 필요하다. 그런 면에서 낯섦을 이겨내고 나아가기를 바라는 본 권이 비범한 진보를 맞으려면 시간이 필요한 것일지도 모른다.

『제3우주론』:
신화(神話)가 아닌 신화(神化)

노시원

철학의 근본적인 문제 중 하나는 '안다는 것이 무엇인가?'이다. 플라톤의 대화편에 등장하는 소크라테스는 이에 대해 철학사를 통틀어 가장 유명한 두 가지 대답을 내놓는다. 첫 번째는 자신의 무지에 대한 자각이며(『소크라테스의 변명』 23b), 두 번째는 정당화된 참된 믿음이다(『테아이테토스』 201c). 소크라테스는 무언가를 안다고 생각하는 사람들이 자신의 무지를 자각할 수 있도록, 그들이 안다고 생각하는 것들이 도대체 무엇인가를 물었다. 소크라테스는 자신의 물음이 무엇을 안다고 생각하는 사람들이 자신을 돌보는 것보다 자신에게 속한 어떤 것을 돌보는 일을 앞세우지 않도록 설득하려는 시도이며, 그들에게 가장 큰 혜택을 베푸는 일이라고 주장했다(『소크라테스의 변명』 36c-d). 이때 소크라테스에게 돌봄의 대상인 자신에게 속한 어떤 것은 무엇인가? 앎의 측면에서 자신에게 속한 어떤 것은 자신이 안다고 생각하는 어떤 것에 대한 믿음으로 해석할 수 있다. 그렇다면 자신을 돌보는 것보다 자신에게 속한 어떤 것을 돌보는 일을 앞세우지 말라는 소크라테스의 주장은, 자신의 무지에 대한 자각보다 자신이 안다고 생각하는 어떤 것에 대한 믿음을 앞세우지 말라는 주장으로 해석할 수 있다.

우리는 무언가를 안다고 생각한다. 그러나 자신이 안다고 생각하는 어떤 것이 도대체 무엇인가를 검토하다 보면, 그것에 대해 실제로는 무지함을 깨닫게 된다. 그런데 우리가 무지한 것은 안다고 생각하는 어떤 것들뿐만이 아니다. 우리는 안다는 것이 도대체 무엇인가에 대해서도 무지하다. 게티어(Gettier 1963)가 '정당화된 참된 믿음'이 지식이 되기 위한 필요조건일 뿐 충분조건이 아니라는 것을 보이기 전까지, 플라톤 이래로 수천 년간 우리는 안다는 것을 정당화된 참된 믿음으로 정의했다. 즉 우리 인간은 수천 년이 넘도록 안다는 것이 무엇인가에 대해서 무지하다는 것을 자각하지 못했다. 우리는 앎 그 자체에 대해서 무지한 채로, 앎에 대한 잘못된 이해를 전제로 어떤 것에 대해 무엇을 알 수 있는가를 탐구해왔다. 과학의 발전을 통한 성과들 속에서 우리는 세계에 대해 더 많이 알아가는 중이라고 생각한다. 그렇지만 과학의 발전이 가져온 유용성의 증대를 앎의 증대로 혼동해서는 안 된다고 저자는 주장한다.

오늘날 인간은 주로 과학의 도움을 받아 세계를 이해하고 어떻게 살아야 하는가를 논의한다. 과학이 발전하기 이전에는 종교와 신학이 그 역할을 대신했다. 그 결과 창조적 우주론과 과학적 우주론이라는 두 가지 우주관이 인간의 삶에 지배적인 영향력을 끼쳐왔다. 사람들은 흔히 신에 대한 비합리적인 믿음이 창조적 우주론을 만들었고, 이에 반해 합리적인 이성이 과학적 우주론을 만들었다고 생각한다. 인간은 자연현상을 이성적으로 설명할 수 없었던 과거에는 신의 창조를 통해 세계를 이해하려고 했고, 자연현상을 이성적으로 설명할 수 있게 되자 과학을 통해 세계를 이해하려고 했다는 것이다. 과학은 자연현상을 이론적으로 설명 및 예측할 수 있고, 이를 실험과 관찰을 통해 경험적으로 검증할 수 있다. 반면 자연현상에 대한 종교와 신학의 설명 및 예측은 경험적으로 검증되지 않는 사례들이 무수히 많다. 따라서 인간에게 세계에 관한 최선의 설명을 제공하는 우주관은 과학적 우주론으로 보인다.

그런데 앎의 측면에서는 과학적 우주론에도 다음과 같은 물음이 제기되어야 한다. 과학적 우주론이 설명하는 세계는 무엇이며, 안다는 것은 도대체 무엇인가? 저자는 이러한 물음들을 검토하지 않고는 과학적 우주론을 최선의 설명을 제공하는 우주관으로 볼 수 없다고 주장한다. 저자가 보기에는 과학과 인간의 이성이 얼마나 신뢰할 수 있는 것인지에 대해서 충분한 검토가 이루어지지 않았다. 저자에 따르면 앎의 측면에서 검토할 때 과학과 인간의 이성은 모두 신뢰할 수 없는 믿음에 의지한다는 점에서, 과학적 우주론은 창조적 우주론과 그 본질이 크게 다르지 않다. 저자는 인간이 기존에 안다고 생각해 왔던 것들이 모두 믿음에 의지하는 인식적 허구임을 깨닫는 무지의 자각에서부터 시작하는 새로운 철학적 우주관인 제3우주론을 제안한다. 저자는 세계가 먼저 존재하고 그 속에서 인간이 나타난 것이라는 기존의 우주관들에 반대한다. 세계가 인간보다 먼저 존재함을 전제할 때 인간은 세계에 대한 믿음에 의지할 수밖에 없다. 이에 반해 저자는 인간이 우주를 만들어 낸 것이며 우주의 시작점에 서 있다는 새로운 시각을 주장한다. 제3우주론은 이미 존재하는 우주에 대한 믿음들이 배제된, 인간이 만들어 낸 우주에 대한 합의들로 이루어진다.

　저자는 종래의 철학적 우주론들이 창조적 우주론을 비판하며 과학적 우주론의 시발점이 되었으나 경험적으로 검증될 수 없는 상상이었다는 점에서 창조적 우주론과 크게 다르지 않았으며, 과학적 우주론이 발전함에 따라 사실상 소멸했다고 평가한다. 일반적으로 사람들은 창조적 우주론은 믿음에 의존하며 검증될 수 없지만, 과학적 우주론은 이성에 의존하며 검증될 수 있으므로 과학적 우주론만이 학문의 영역에서 신뢰받을 수 있다고 생각한다. 이에 대해 저자는 과학적 우주론이 검증될 수 있더라도 이성에 대한 믿음에 의존한다는 점에서 창조적 우주론과 근본적으로 다르지는 않다고 주장한다. 저자에게 과학적 우주론은 검증 가능하다는 점에서 유용하지만, 과학적 우주론의 검증 가능함은 유용성을 의미할 뿐 앎을 의미하지 않는다.

　저자는 과학적 우주론이 인간의 감각과 이성과 수학적 직관에 절대적으로 의존하는데, 감각과 이성과 수학적 직관을 지닌 인간에 대한 검증이 이루어지지 않았다고 비판한다. 저자는 인간의 이성이 감각 기관, 뇌, 언어, 주체라는 네 가지 감옥에 갇혀 있으므로 신뢰할 수 없다고 주장한다. 저자에 따르면 인간의 감각이 외부의 대상이 먼저 있고 그 대상으로부터 주어지는 것이 아니다. 외부의 대상과 감각 자극이 없는 꿈에서도 인간은 감각을 느낀다는 점에서 감각의 실제 원천은 인간의 뇌이다. 우리는 외부의 대상이 감각 자극을 초래하여 우리가 감각을 느끼게 된다고 생각하지만, 실제로는 인간의 뇌가 아무런 권한 없이 온갖 것을 만들어 내는 것이다. 따라서 저자는 사물이 감각 기관과 뇌가 만들어 낸 허상이며 실재와 상관이 없다고 주장한다. 저자에 따르면 인간의 감각은 감각 대상과 무관하게 뇌로부터 자의적으로 생겨날 수 있다. 아이네시데모스가 지적했듯 인간의 감각은 사람마다 상대적일 뿐만 아니라 한 사람에게도 매번 상대적이므로 신뢰할 수 없다(『퓌론주의 개요』 [36]-[163]). 저자는 꿈의 사례를 들어 감각의 시작점이 감각 대상이 아니라 뇌임을 보이는데, 꿈은 동시에 뇌를 신뢰할 수 없음을 보여준다. 우리가 잠들 때 뇌는 실재와 무관하게 온갖 것을 자의적으로 만들어 내기 때문이다. 저자는 이성을 지닌 나라는 주체 또한 뇌가 만들어 낸 것이며, 나는 실재하지 않는다고 주장한다. 저자에게 나라는 주체는 무생물인 원자로 이루어진 수십조 개의 세포들로 이루어졌다는 점에서 개별적인 주체가 아니다. 나는 나를 구성하는 수십조 개의 세포를 대표하지도 않으며 이들을 위해 살아가지도 않는다. 더욱이 나라는 주체의 자의식은 나를 구성하는 다른 세포들이 없어도 뇌만으로 존재할 수 있다. 따라서 나라는 주체의 자의식은 뇌가 만들어 낸 것이다.

저자에게 사물은 인간이 만들어 낸 것이며, 실재성도 독립적으로 존재하는 것이 아니라 인간이 만들어 낸 것이다. 저자에 따르면 인간은 단 한 번도 내가 모든 것의 시작점일 수 있음을 생각하지 못한 채 인간이 우주의 작은 티끌이 되는 우주론들을 만들었다. 반면에 저자가 제안하는 제3우주론에서 인간은 만물과 우주를 만들어 내는 시작점이자 주체이다. 제3우주론에서 우주는 인간의 불완전한 감각과 불완전한 뇌와 불완전한 이성이 만들어 낸 산물이다. 뇌는 실재와 무관하게 자의적으로 온갖 것을 만들어 낼 뿐만 아니라, 감각 기관으로 들어오는 한정적이고 왜곡된 정보를 처리한다. 저자가 보기에 뇌가 한정적이고 왜곡된 정보를 처리한 결과가 안다는 것으로 표현되며, 이때 뇌가 처리하는 정보를 얼마나 신뢰할 수 있는지 파악할 방법이 없다. 즉 안다는 것이 먼저 있고 뇌가 그것을 처리하는 것이 아니라 뇌의 처리 결과를 안다고 표현하는 것이다. 그렇다면 우리에게 아는 것으로 주어지는 사물이나 상황의 정보는 실제로는 뇌의 처리 결과물이지 사물이나 상황과는 직접적인 관련이 없다. 우리가 안다고 생각하는 사물이나 상황의 정보는 사물이나 상황에서 주어지는 것이 아니라 인간의 뇌가 만들어 낸 것이다.

저자는 언어를 인간이 뇌의 처리 결과를 이해하고 분류하고 분석하는 도구로 파악한다. 언어는 모든 것을 분류하려는 것인 동시에 언어 자체가 분류의 결과물이기도 하다. 저자에 따르면 언어는 실체와 연결되지 않으며, 인간이 어떤 것을 언어로 표현하려고 시도했기 때문에 언어에 대응하는 실체의 개념이 만들어진다. 우리는 언어를 사용하여 어떤 것을 정의한다. 그러나 인간은 어떤 단어에 대해서도 적절한 정의(definition)를 마련해 본 적이 없다(Elborune 2011, 1-13). 예를 들어 철학자들은 어떠한 개념에 대해서도 이견의 여지가 없는 공통된 의견 일치를 본 적이 없다. 정의항과 피정의항으로 이루어지는 정의는 또 다른 정의들로 무한히 소급하는 도중에 결국 순환하는 것처럼 보인다. 언어 자체의 개념 정의 또한 언어로만 이루어진다는 점에서 순환적이다. 인간의 이성적 사고에는 언어가 필요하므로 이성은 언어의 한계에 종속될 수밖에 없다. 저자는 수학이 인간의 감각과 뇌의 처리 작용에 의해 만들어진 것이며, 인간의 이성 속에서만 통용되는 언어와 같다고 주장한다. 하지만 수학적인 개념 및 대상이 저자의 주장대로 인간이 만든 것인가는 논쟁적인 문제이다. 수학은 저자가 말하는 언어의 핵심적인 특징과 차이점이 있는 것처럼 보인다. 여러 단어에 대해 좋은 정의가 있을 가능성이 있는 것처럼 보이는 단 하나의 분야가 수학이기 때문이다. 따라서 설사 저자의 주장대로 인간이 수학을 만들어 낸 것이라고 하더라도 수학적 직관이 신뢰할 수 없다고 결론 내릴 수는 없다.

저자는 감각 기관, 뇌, 언어, 주체라는 네 가지 감옥 중 어느 하나에만 이성이 종속되더라도 이성적으로 무엇을 알 수 없다고 주장한다. 더욱이 저자에 따르면 인간의 이성은 네 가지 감옥 모두에게 종속되어 있으므로 인간의 이성은 신뢰할 수 없다. 인간은 이성을 통해 무언가에 대해 알려고 할 때, 실제로는 스스로 무언가를 만들어 낸다. 인간이 무언가를 알려고 만들어 내는 것은 사물과 우주를 비롯한 외부 대상만 아니라. 나라는 주체의 자의식까지 포함된다. 따라서 저자는 우주를 불완전한 감각과 불완전한 뇌와 불완전한 이성을 지닌 인간이 만들어 낸 산물이라고 주장한다. 저자의 제3우주론은 인간이 우주를 만들어 냈을 뿐만 아니라 인간이 알고 있는 것이 없다는 무지의 자각에서 시작한다. 저자에 따르면 인간의 앎에 대한 무지의 자각에서 시작할 때 우리는 진정한 지식을 얻게 되는데, 이는 무지를 자각한 인간이 어떠한 믿음도 갖지 않게 되기 때문이다.

저자는 제3우주론의 지식을 세 가지 단계로 구분한다. 순수 지식은 최상위의 지식으로, 모든 것이 허구라는 것을 인식하고 모든 것이 합의를 통해 만들어지는 것임을 이해하며 합의의 기준을 세우는 것이다. 응용 지식은 감각과 이성의 신뢰를 바탕으로 유지되는 학문으로, 인간의 생활에 유용성이 있을 때 계속 유지해도 좋을 지식이다. 반면에 믿음 지식은 감각과 이성 모두에게 의지하지 않고 근거 없는 믿음에 의지하는 지식이다. 저자는 신, 종교, 민족 등을 믿음 지식의 전형으로 간주한다. 이러한 믿음 지식은 일부 유용성이 있다고 하더라도 해악이 훨씬 큰 것이기 때문에 폐지되어야 할 지식이며, 합의의 대상이 될 수 없다. 저자는 제3우주론이 어떠한 믿음에도 근거하지 않고 모든 앎이 인간이 만들어 낸 허구라는 무지의 자각에서 시작한다는 점에서 창조적 우주론과 과학적 우주론 모두의 비판적 대안이라고 주장한다. 제3우주론은 유용성에 근거하여 과학을 비롯한 학문은 존중하는 한편, 사람들의 합의를 위한 연대와 협력을 방해하고, 다른 입장들을 배척하고 우열을 나누는 신, 종교, 민족 등의 믿음을 없앨 것을 주장한다. 이러한 믿음들은 모든 인간이 합의에 동등한 권리를 지니는 것을 방해하고 누군가에게 더한 권위와 권리를 부여하기 때문이다.

회의를 통해 인간의 무지를 자각하고 어떠한 믿음도 갖지 않으려는 저자의 제3우주론은 퓌론주의의 주장과 유사한 측면들이 있다. 퓌론주의는 인간의 믿음이 신뢰할 수 없는 상대적인 감각과 최초의 전제를 독단적으로 만들어 내는 이성에 근거한다고 비판하며 어떠한 믿음도 가지지 않을 것을 주장하기 때문이다. 그러나 어떠한 믿음도 갖지 않고 감각적인 현상에 따르는 퓌론주의의 수동적인 한계와 달리, 저자의 제3우주론은 어떠한 믿음도 갖지 않고 모든 것에 대한 정의와 이해를 합의를 통해 만들어 내고자 한다는 점에서 능동적인 이론이다. 퓌론주의가 현상을 따르는 이점으로 유용성을 꼽았듯이, 제3우주론에서 인간들은 믿음은 갖지 않되 유용성에 근거하여 과학이나 학문을 새롭게 정당화하고 존중할 수 있다. 사람들은 어떤 것이 모두에게 더 유용할 것인가를 합의하기 위해 기존의 가치들을 새롭게 정의할 것이고, 가치들의 정의는 누구에게도 특권적인 권위가 존재하지 않으며 항상 현실의 문제에 맞게 수정될 것이다. 정리하면, 저자의 제3우주론은 어떠한 믿음에 근거하는 신화(神話)가 아니라 인간이 스스로 만물과 가치를 만들어 내는 신화(神化)를 새로운 우주관으로 제시하고 있다.

믿음을 지식의 본질적인 요소로 보는 전통적인 입장들에 대한 저자의 문제 제기는 획기적이다. 전통적인 회의주의들은 무언가를 알 수 있는가에 대해서 부정적이거나 판단유보의 입장을 취했으나 믿음이 지식의 본질적인 요소임을 부정하지는 않았다. 안다는 것이 믿음과 무관하다는 저자의 주장은 믿음에 근거하는 지식은 진정한 앎에 도달할 수 없다는 논제를 제기하며, 믿음이 없는 무지가 합의로 이어질 수 있음을 제안함으로써 기존의 회의주의들이 지닌 수동적이고 순응적인 한계를 넘어설 길을 모색한다. 유용성에 근거하여 기존의 학문들을 존중함으로써 회의주의와 현실을 조화시키는 방안도 제3우주론이 지닌 이론적인 장점이다.

그러나 나는 저자가 제3우주론을 제안할 수 있는 기반이 되었던 회의주의 논변들이 과연 모든 믿음을 배제한 것인가에 대한 의문이 든다. 인간의 감각과 이성과 수학적 직관이 신뢰할 수 없다는 저자의 주장들은 저자의 직관에 근거하고 있다. 나는 저자의 직관들 모두에 동의하지는 않으며, 내가 지닌 직관과 저자가 지닌 직관이 서로 다른 것은 내가 지닌 믿음과 저자가 지닌 믿음이 서로 다르기 때문이라고 생각한다. 섹스투스 엠피리쿠스는 회의주의자의 모든 주장을 실제로는 어떤 것도 단언하지 않는 회의주의적인 용법으로 해석해야 한다고 주장한다(『퓌론주의 개요』 [187]-[205]). 퓌론주의는 어떠한 독단적인 주장도 받아들일 수 없으며 모든 주장에 관해 판단을 유보하기 때문이다. 퓌론주의는 지식과 믿음의 관계에 대해 어떠한 독단적인 입장도 지니지 않으며, 단지 누군가가 제기한 독단적인 주장에 반대되는 독단적인 주장을 제기함으로써 어떠한 주장도 이견의 여지가 없지 않음을 보이고자 한다. 즉 퓌론주의는 회의주의적 논변이 실제로는 어떠한 독단적인 주장도 하지 않음을 강조하며, 논변에 동원되는 독단적인 주장들은 단지 판단의 유보에 도달하도록 만드는 수단으로 제기될 뿐이다. 반면에 나는 저자의 회의주의 논변이 저자의 직관들을 반영하는 독단적인 믿음들로 구성되어 있다고 생각한다. 이성에 대한 믿음을 비판하는 저자가 자신의 믿음에 근거하는 것은 모순적이다.

『제3우주론』:
이것은 파이프다

이규철

    르네 마그리트의 「이미지의 배반」이라는 작품이 있다. 마그리트는 작품의 중앙에 멋들어지게 파이프를 그리고, 그 아래 'Ceci n'est pas une pipe(이것은 파이프가 아니다)'라는 문장을 적었다. 나는 그 작품을 보고 생각했다. 이게 왜 파이프가 아닐까?

    호기심을 참을 수 없었던 나는 포털 사이트에 '이미지의 배반 해석'이라고 검색하였고, 어느 미술 블로그에서 미셸 푸코의 해설을 만났다.

    "이것은 '파이프'가 아니라 '파이프의 뎃상'일 뿐이다. 이것은 '파이프'가 아니라 '이것은 파이프가 아니다'라고 말하고 있는 문장이고, '파이프가 아니다'란 문장은 '파이프'가 아니며, '이것은 파이프가 아니다'란 문장에서 '이것'은 '파이프'가 아니며, 그림, 쓰인 문장, 파이프의 뎃상, 이 모든 것이 '파이프'가 아니라고 설명한다."

    푸코를 인용한 글쓴이는 이 작품이 언어와 이미지의 한계를 드러낸다고 설명했다. 언어와 이미지는 대상의 본질을 드러낼 수 없다고까지 설명한 덕에, 그 글에는 사람들의 '좋아요'가 수십 개 찍혀 있었다.

    하지만 나는 그 설명을 읽고도 의문을 멈출 수 없었다. 그래서 이게 왜 파이프가 아닐까?

저자의 제3우주론은 "창조적 우주론과 과학적 우주론의 비판적 대
안으로 나온 우주론"이다. 창조적 우주론은 신으로 우주를 설명하는
이론이고, 과학적 우주론은 물리 법칙으로 우주를 설명하는 이론이다.

저자의 제3우주론이 기존의 우주론을 비판하며 등장했듯이, 과학적
우주론 역시 기존의 창조적 우주론을 비판하며 등장했다. 그들은 창조
적 우주론이 '맹목적인 믿음' 위에 놓인 이론이며, '이성'을 통한 의심과
추론으로 우주의 비밀을 밝히고자 했다. 이 과정에서 과학적 우주론은
'이성'에 높은 권위를 부여했으며, '믿음'과 '이성'을 완전히 구분하고, '이
성'으로 '믿음'을 의심하고 무너뜨리며 이론을 더욱 강화했다.

과학이 세계를 설명하는 축이 되면서, 우리는 그들의 내용을 거리낌
없이 수용하였다. 하지만 저자는 우리의 '이성'역시 '믿음'을 기반으로 하
며, '이성'이 '믿음'과 오히려 비슷한 점이 많음을 지적한다. 다시 말해 "과
학적 우주론은 인간의 감각과 이성에 절대적으로 '의지'하고 있다는 것이
다. 저자는 이러한 점을 지적하며 제3우주론을 대안으로 제시한다.

이 과정에서 저자는 태양의 존재(1.2 태양의 존재 논쟁)를 의심하기도
하고, "내가 나를 인식함으로 '나'가 생겼다"(1.3 사물이 생긴 순서)고 말하
기도 한다. 이러한 논의를 통해 저자는 "우주는 사람이 만들어 낸 것"임
을 보여주고, 아인슈타인이 양자 역학을 비웃으며 했던 "내가 보지 않으
면 달이 없어지기라도 한다는 말인가?"라는 질문에 "그렇다."라고 단호
하게 대답한다. 저자에게 우주란 "인간의 불완전한 감각과 불완전한 뇌

와 불완전한 이성이 만들어 낸 산물"이기 때문이다.

저자는 "이성은 네 가지 감옥에 갇혀 있다"라고 하며 이성의 한계를 극명하게 보여주고, "이성, 그것은 아무것도 아니다"라고 말하며, 본인의 이론 작업 역시 이성의 작업이기에 아무것도 아니라는 선언을 하기 이른다. 이는 "소크라테스가 가장 지혜로운 인간이다. 그는 자신이 모른다는 사실을 알고 있다."라는 고대 그리스의 신탁을 떠오르게 한다. 가장 지혜로운, 다시 말해 가장 이성적인 인간은 자신이 가진 이성의 한계를 누구보다 잘 아는 사람인 것이다.

하지만 저자는 이성을 완전히 부정하지 않고, 그것이 가진 유용성의 측면을 바라본다. "생각한다는 것은 생각하지 않는 것에 비해서 압도적으로 훌륭한 수단이라고 생각되지 않기" 때문에, 저자는 계속 이성을 사용하는 것을 선택한다. 결과적으로 우주를 이해하는 데 있어 이성을 사용하는 것은 과학적 우주론과 같으나, 그 과정에서 이성을 한 번이라도 의심한 제3우주론이 더욱 '이성적'이라고 할 수 있는 것이다.

이러한 의심은 우리가 '이성'으로 생각, 아니 믿어왔던 것으로 뻗어나간다. 수학, 정의(definition), 생명, 진화론, 문명, 학문, 종교에 이르는 분야의 이면에, 우리가 의심하지 않고 넘어갔던 부분을 저자는 하나씩 되짚는다. 그리고 그것을 기점으로 우리가 제3우주론 하에서 어떻게 살아가야 할지, 즉 윤리학적 논의를 시작한다.

이 과정에서 저자는 앞선 논의를 따른다면 필연적으로 도출되는 '합의'를 내세운다. 제3우주론에 따르면 결국 우리가 '실체'라고 말하는 모든 것은 인간의 불완전함이 만든 것이므로, 합의가 필수적이다. 프로타고라스의 "인간은 만물의 척도이다."라는 명제의 가장 훌륭한 재해석이다.

저자는 이를 현실 문제에 적용하며. 정의(justice), 민족, 행복, 자유 의지 등의 논의를 이어간다. 이 모든 과정을 통해 저자는 제3우주론이 '모든 것을 의심하지만, 그렇기에 모든 것을 오히려 제대로 믿을 수 있다'는 사실을 보여준다. 책의 끝부분에는 경험을 담은 에세이까지 이어져, 저자가 가진 제3우주론이 어떻게 현실에 제대로 적용될 수 있는지를 직접 보여준다.

나는 「이미지의 배반」을 푸코의 해설과 그 해설의 해설까지 보고도 이해하지 못했다. 나에게는 그것이 너무 선명히 '파이프'였기 때문이었다. 하지만 제3우주론을 접한 나는 이렇게 말할 수 있다.

'파이프'란 없다. 내가 파이프를 감각 기관과 이성을 통해 '파이프'라고 생각했기 때문에, 파이프가 '생긴'것이다. 그 블로그의 설명처럼 "언어나 이미지가 대상의 본질에 가 닿지 못하는 것을 설명한 작품"이 아니라, 애초에 '본질'이라는 것이 존재하지 않는다.

하지만 지금, 이 순간에도 어딘가에서 '파이프'를 입에 물고 있는 사람이 있을 것이다. 힘든 업무를 마친 뒤에, 아니면 연인과 뜨거운 사랑을 나눈 뒤에 불을 붙여 한 모금을 들이마신 사람이 있을 것이다. 그에게 다가가 우리는 이렇게 말할 수 있다.

파이프라는 건 없지만, 우리는 그것을 '파이프'로 부르기로 하자. '파이프'는 당신이 만들어 낸 것이지만, 원래부터 존재하는 것으로 하자. 우리는 우리의 호르몬 때문에 '파이프'를 무는 것이지만, '자유 의지'로 파이프를 문다고 하자.

'파이프'를 '파이프'라고 부르는 것이 우리를 행복하게 한다면, 우리가 피고 싶을 때 피우는 '파이프'가 우리의 한숨을 덜어준다면.

이것은 파이프가 아니다. 아니, 이것은 파이프다.

『제3우주론』 서평문

김휘웅

"Esse est percipi"-George Berkeley

들어가는 글

제3우주론은 기존의 우주관에 대한 큰 두 흐름 ― 창조적 우주관과 과학적 우주관 ― 을 거부하며 등장한 새로운 우주관이다. 이러한 우주관의 전반적인 특징은 제3우주론적 인식론에 토대를 두고 전개되는 주관적 관념론이라는 점이다. 제3우주론적 인식론에서 모든 대상은 나의 관찰에 의해 만들어진다. 조금 더 정밀한 표현을 사용하자면 대상은 스스로 존재하는 것이 아닌 나의 인식에 의존하여, 다시 말해, 나의 감각적 인식이 결합될 때에만 비로소 존재하게 된다. 즉, 존재하는 것은 지각되는 것이고, 이를 뒤집어 표현하면(대우 명제를 취하면) 지각되지 않는 것은 존재하지 않는다.

이러한 주장은 18세기 아일랜드 철학자이자 성공회 주교인 조지 버클리(George Berkeley)의 인식론과 상당히 유사한 점을 보인다. 성공회 주교답게 그는 신(God)이 모든 것을 언제나 지켜보고 있기 때문에 우리 인식 바깥에 있는 실체를 긍정하였다. 하지만 제3우주론은 3인칭 관찰자로서의 신의 존재를 전혀 상정하지 않으며, 이는 "내가 감각하는 모든 것이 곧 모든 존재이다"라는 극단적인 주관적 관념론을 주장하기에 이른다. 다시 말해, 우리의 인식 바깥에는 아무것도 없으며, 오직 우리가 그것(대상)을 인식하기 때문에 그것(대상)이 우리의 관념 안에 존재하게 된다는 것이다. 이러한 주장은 현대 물리학의 한 축인 양자 역학에 대한 해석에서 등장하는 '측정의 문제'와 관련해 측정과 측정 결과의 상호작용(물리적 대상과 관찰자의 상호작용) 및 다세계 해석(many-worlds interpretation) 문제로도 이어질 수 있다. 이러한 관점을 주의 깊게 인지하며, 현재 서평문에서는 제3우주론적 인식론이 지닌 한계에 대한 논의 및 검토를 통해 진리에 조금이나마 더 다가가고자 한다.

운동 및 변화에 대하여

우주는 끊임없이 변화한다. 다시 말해 세상은 정지해 있지 않으며 계속해서 운동 및 변화가 일어난다. 여기에서의 변화란 운동, 생성, 소멸, 배움을 포함하는 개념이다. 그렇다면 이때 제3우주론에서 바라보는 변화란 무엇일까? 제3우주론에 따르면 대상은 그 자체로 존재하는 것이 아니라, 내가 적극적으로 구성해 내는 것이다. 다시 말해, 대상은 스스로 존재할 수 없으며, 나의 지각에 의해 존재 당하게 될 뿐이다. 이러한 주장에 따르면 우주의 변화는 대상 자체의 변화가 아닌, 대상을 인식하는 나의 지각의 변화일 것이다. 대상 자체는 변화할 수 없고, 오직 그 대상을 구성해 내는 나의 지각만이 변화할 뿐이다. 그렇다면 변화를 이렇게 바라본다고 했을 때, 여기에서 말하는 "나의 지각의 변화"라는 것이 무엇을 의미하는가?

우리는 나의 지각의 변화를 이해하기 위해 나의 지각이 무엇인지 우선 이해할 필요가 있다. 답은 의외로 간단하다. 제3우주론에 따르면 지각이란 대상에 대한 관념을 만들어 내는 작업이다. 우리의 지각을 통해서 대상이 존재할 수 있게 되니까. 그렇다면 그러한 지각의 변화가 일어나는 힘은 어디에서 오는 것인가? 지각의 변화는 어떻게 발생할 수 있는가?

제3우주론을 지지하지 않는 사람에게 이 질문을 한다면 그러한 힘은 외부 대상에서 나온다는 답을 할 것이다. 어떤 것을 변화시키는 힘은 어떤 것 내부에 있는 것이 아니라 그 어떤 것 바깥에 있다고 이야기할 것이다. 하지만 제3우주론에 따르면, 지각에 의해 구성된 관념 외부에는 그 어떤 것도 없다. 관념 바깥의 대상은 실재하지 않고 오직 관념만이 존재할 뿐이다. 그렇다면 위 질문에 대해 제3우주론적 인식론이 내놓을 수 있는 답은 지각을 변화시키는 힘은 지각 바깥에 있는 것이 아니라 지각 내부에 있는 것이라는 답밖에 할 수 없다. 다시 말해, 지각 외부의 실재에 의해 지각이 변화되는 것이 아니라, 지각이 내부적으로 스스로 변화하는 것이다. 그것이 어떻게 가능한가? 지각이 무엇이길래 스스로를 변화시킬 수 있단 말인가? 이를 더 살펴보고자 지각에 대한 고찰을 해 보아야 할 것이다.

자기의식

우리 인간에게는 매우 독특한 종류의 사유가 가능하다: 바로 생각이 무엇인지를 생각해 볼 수 있다. 다시 말해, 생각을 생각해 볼 수 있다. 이러한 종류의 인식을 자기의식(혹은 자기 인식)이라고 한다. 하지만 그것 또한 어디까지나 생각(지각, 의식)의 일종이다. 그러므로 그것이 생각인 한에서 반드시 두 가지를 필요로 한다. 첫 번째는 생각의 주체이고, 두 번째는 생각의 대상이다. 생각의 주체가 없다면 생각은 일어날 수 없으며, 또한 주체가 있다 한들, 생각의 대상이 없으면 생각을 할 수 없다. 그렇다면 생각(지각, 인식)이란 무엇인가? 생각에 대한 규정을 위해 생각이 아닌 것에 대한 부정을 통해 생각을 규정할 수 있다. 어떤 것은 어떤 것이 아닌 것에 의해 한계 지워지고 규정된다. 다시 말해 부정은 곧 규정이다. 예를 들어 내가 아닌 것을 부정하면 그것이 곧 나에 대한 규정이 된다. 나는 내가 아닌 것이 아닌 것이다.

나의 관념은 나의 관념이 아닌 것에 의해 규정된다. 대상은 나의 지각으로 인해 한계 지워져야 한다. 제3우주론에 따르면, 여기서의 문제는 나의 관념이 아닌 것이 없다는 점이다. 온 우주가 나의 감각에 의한 관념으로 구성된 것이므로 나의 관념 바깥에는 아무것도 실재하지 않으며, 따라서 나의 관념이 아닌 것이 없게 된다. 그렇다면 나의 관념에 대한 부정이 없으므로 나의 관념은 규정될 수 없다. 정리를 하자면 제3

우주론에서는 모든 것이 나의 관념(지각)이므로 나의 관념이 아닌 것이 없게 된다.

그렇다면 지각의 주체인 나와 지각의 대상인 나로서 두 개의 나가 생기게 된다. 하지만, 나는 둘일 수 없다. 또한 나는 어떤 방식이든 지각되므로 나는 없을 수 없다. 다시 말해 나는 반드시 하나로 존재해야 한다. 제3우주론에 따르면 자기 인식, 즉 반성(Reflexion)이 불가능하며 이중의 나에게서 오는 중복지각이라는 모순에 맞닥뜨리게 된다. 두 개의 나 가운데 하나는 사라져야 한다.

자기통일

이렇듯 주관에 기초한 극단적 관념론과 진리의 대립은 자기의식의 자기통일 없이는 성립될 수 없다. 자기의식 과정에서 대상은 부정되어야 하는 것으로 나타난다. 이렇게 하여 '나'는 자기동일성 속에서 단일한 본질적 존재로서 확고한 형태를 갖추고 있어야 한다. 자기의식이 자기 자신으로 복귀하여야 하고, 대상 역시 주체로서의 자기 자신으로 귀결되어야 한다. 타자에 대한 존재를 본질로 하는 비자립적인 의식과 독자성을 본질로 하는 자립적인 의식은 이렇게 통합된다. 우리의 인식은 이렇게 전개된다.

윤리

그렇다면 이러한 인식론을 바탕으로 우리는 무엇을 해야 하는가? 자기의식과 대상이 모두 자기로 복귀해야 하는 상황에서 우리는 어떤 결정을 내려야 하는가? 존재하는 것을 결코 멈추지 않고 언제나 참다운 만족을 소유하는 방법을 발견하고 제시하는 일은 매우 어려워 보인다. 하지만 이는 매우 험준해 보일지라도 발견될 수는 있다. 이를 발견하기 위해 우리는 우리의 의지, 능력, 자유, 권리, 목적에 대한 고찰을 통해 우리의 인식이 지닌 본성과 그 한계를 우선적으로 파악해야 한다. 아마도 이런 것들을 모두 고찰한 뒤에야 어떤 종류의 행위가 최선의 것인지, 각각의 행위 원리들이 어떻게 질서 지워지는지, 또 어떤 의지와 능력을 사용하면서 그러한지를 더 잘 알게 될 것이다.

자, 이제 논의를 시작해 보자.

주석 이외의 참고 자료

플로티노스, 『엔네아데스』 V.3.10. 31-43, Lloyd P. Gerson, Cambridge University Press, 2018

권영우, 「분석철학의 자기의식으로의 이행으로서 헤겔로의 귀환」, 한국헤겔학회, 2018년 국제학술대회: 현대영미철학에서 헤겔로의 귀환 - 분석적 헤겔 해석과 형이상학적 헤겔, 연세대 개최, 2018.11.03.

스피노자, 『에티카』, 강영계 옮김, 서광사, 2007. 특히 제4부, 제5부 참고.

아리스토텔레스, 『니코마코스 윤리학』, 강상진 외 역, 2021, 특히 제 10권 9장.

『제3우주론』 서평문

이미경

이 글의 모든 논지에 대해 다루지는 못하겠지만, 핵심적 논지에 대한 반박을 다루려고 한다. 논의의 대상이 되는 논지에는 크게 제3우주론, 안다는 것, 생명, 지식, 종교가 포함된다.

먼저 이 글에 따르면, 우리가 인식하는 사물들은 실제로는 존재하지 않는다. 우리가 사물이 존재한다고 착각하는 것이고, 있다고 생각하는 것이 우리에게 더 나은 선택지이기 때문에 사물이라는 허구를 만들어 낸다는 것이다. 필자는 인간이 인식하는 것들은 감각과 이성에 의해 형성되는 것이고, 이 이성과 감각은 불완전하기 때문에 우리가 실존한다고 느끼는 것들은 신뢰하기 어렵다고 주장한다. 더 나아가 인간은 불완전하며 무지하기 때문에 신 혹은 자연의 피조물이라고 생각하는 오류를 범하기에 기존의 세계를 바라보는 관점에서 벗어나 새로운 우주관을 성립해야 한다고 말한다. 이렇게 탄생하는 우주관이 제3우주론이고, 이는 불완전한 인간이 우주를 만들어 낸다는 관점이다. 물론, 여기서 우주를 만든다는 것이 신처럼 무엇을 창조하는 것을 의미하지는 않는다. 우리가 꿈을 꿀 때, 허구의 것을 만들어 내는 것처럼, 현실의 세계도 인간이 구성한다는 것이다.

　이러한 필자의 제3우주론이라는 주장에는 허점이 존재한다. 만약 우주가 인간의 허상에 불과하고, 각각의 인간이 자신의 관점대로 우주를 형성하고 바라본다면, 하나의 정해진 우주는 존재하지 않고, 각각의 주체가 만들어 낸 모두 다른 우주가 존재하게 된다. 또한, 내가 만든 우주 안에서 나는 주체가 되고, 주인공이 되지만 타인은 조연이 되며, 이는 곧 타인의 우주에서는 내가 조연에 불과하거나 아예 존재하지 않을 수도 있음을 의미한다. 따라서 인간이 우주를 형성하는 제3우주론은 성립할 수 없다.

　두 번째는 안다는 것이 무엇인가에 대한 논의이다. 우리는 안다는 것이 무엇이냐는 질문에 대답하기 위해 감각과 뇌를 떠올린다. 감각 기관이 작용하여 뇌를 통하여 정보를 얻을 때, 우리는 그것을 안다고 한다. 이에 대해 필자는 꿈을 예시로 감각과 뇌를 신뢰할 수 없고, 우리가 안다고 하는 것을 신뢰할 수 없음을 주장한다. 꿈을 꿀 때, 우리는 경험하지 못하고, 보지 못한 것들을 스스로 만들어 낸다. 즉, 감각 기관을 통해 인식되는 정보가 없더라도 뇌는 영상을 만들 수 있고, 이는 감각 기관은 아무런 역할을 하지 못하며 우리가 안다고 하는 것은 뇌가 스스로 만들어 낸 허구라는 것을 의미한다. 예를 들어, 필자는 황금 돼지가 나오는 꿈을 꾼 적이 있는데, 필자는 황금 돼지를 본 적도 없으며, 황금 돼지는 실제로도 존재하지 않는다. 하지만, 황금돼지를 구성하는 요소인 황금과 돼지는 현실 속에서 존재하며, 결국 기상천외하고 비현실적인 꿈이라고 하더라도 그 구성요소는 모두 현실에 기반한다. 이는 꿈과 상상이 현실에서 경험한 것의 한계 속에서 이루어지며, 인간이 안다고 하는 것에는 뇌의 작용뿐만 아니라 감각 기관의 작용도 포함됨을 의미한다.

세 번째는 생명과 관련된 것이다. 필자는 인간은 완벽한 무생물인 원자로 구성되는데, 무생물의 합이 생물이 될 수 있냐고 질문한다. 하지만, 이는 필자가 구성요소의 단순한 합만으로 존재하지 않는 것들을 간과한 것이라고 할 수 있다. 책에 등장한 예시인 바위와 모래만 해도 그렇다. 바위를 쪼개면 돌이 되고, 돌을 쪼개면 자갈이 되고, 자갈을 쪼개면 모래가 된다. 하지만 모래를 모아서 응축시킨다고 해서 그것이 바위가 되지 않는다. 인간도 마찬가지이다. 인간을 나누면 세포가 될 것이고, 세포를 가장 작게 나누면 원자가 된다. 하지만 원자를 모은다고 해서 인간 그 자체가 될 수는 없다.

네 번째는 지식과 관련된 측면이다. 필자는 글에서 불완전하고 신뢰할 수 없는 지식의 토대를 쌓기 위해 모든 것을 의심하고, 이를 토대로 합의를 이루어야 한다고 말한다. 물론, 우리가 아는 것이 없다는 태도가 겸손을 가능하게 하고, 분쟁과 다툼을 멈추는 데 도움을 줄 수 있다. 하지만, 의심하는 주체도 결국 불완전한 존재이고 따라서 결과 또한 기존의 지식 체계와 마찬가지로 신뢰하기 힘든 것이 될 것인데 의심과 합의가 의미가 있을까 하는 의문이 든다. 더 나아가 아무것도 확신할 수 없는 열린 결말의 상태에서, 그 불완전한 토대 위에 지식을 쌓는 것은 불가능하며, 오히려 사람들은 자신이 이해한 바를 사실로 적립하려 할 것이고 이는 더 큰 분쟁을 야기할 것이다. 사고 및 판단의 주체가 불완전하다는 가정을 유지하면, 옳고 그름을 판단할 수 없을 것이며 이는 지식의 정립이 불가능함을 의미한다.

마지막은 종교에 관한 것이다. 이 필자는 종교, 그중 기독교의 분파 과정과 교리의 잦은 수정을 근거로 신 또한 인간의 필요에 의해 만들어진 허구적 존재이자 흉물이라고 주장한다. 먼저, 기독교가 형성된 시기는 기록하는 체계가 완전한 시기가 아니었다. 따라서 구전적으로 사람들에게 예수의 이야기가 전해졌을 것이고, 자신이 들은 것을 바탕으로 믿음을 형성했을 것이다. 따라서 여러 교리가 성립된 것은 당연한 일이다. 분파 과정에서 자신의 이익을 위해 신을 악용한 사례를 제외하고, 결국 교리와 분파들이 말하는 신은 하나이다. 따라서 오래전 누가 썼는지 불분명하고, 전해지는 세부적 내용은 다름에도 불구하고 그 본질은 하나를 향하기 때문에 사람들이 믿을 수 있는 것이다. 인간의 이성으로 신을 상상하기 힘들다고 해서 신이 존재하지 않다고 주장하면, 그것은 신을 신이라는 존재가 아니라 자신이 위안을 삼을 대상으로 취급한 것에 불과하다. 신이 완전한 존재이고, 인간을 창조했다고 하자. 만약 이렇게 탄생한 불완전한 인간이 자신의 이성을 통해 신을 다 이해하고, 알 수 있다고 한다면, 인간이 다 간파할 수 있는 존재를 과연 신이라고 할 수 있을까? 인간의 이성으로 신을 이해할 수 없는 것은 당연하다. 또한 신을 감각으로 느낄 수 없다고 해서 신이 존재하지 않는다고 할 수 없는가? 우리가 느낄 수 없는 것은 존재하지 않는다고 하는 것은 반대로 모든 존재하는 것은 우리가 느낄 수 있음을 의미한다. 그렇다면 이는 인간의 감각의 완전성을 주장하는 것이 되며, 이는 필자가 계속해서 주장하는 인간의 감각 및 이성의 불완전성과 모순되는 주장이라고 할 수 있다.

『제3우주론』을 읽고서

강하은

글을 읽으면서 시야가 열리는 듯 마음을 품을 때쯤 글이 마무리되어서 아쉬움이 남아 있다. 특히 이글에서 강렬하게 말하고 있는 믿음과 이성의 영역에 대한 구분은 인간이 우주를 창조했다는 논리적인 설명을 통해서 어떻게 구분 지어야 하는지 그리고 무엇을 구분하려 해야 하는지에 대해서 정리하게 되었다. 이것은 제3우주론에서 강조하는 믿음으로 무엇인가를 만들어 낸 것은 반대한다는 저자의 강한 주장에서부터 기인한다. 왜냐하면 그런 믿음은 '나'라는 '나'에 대한 그 이상의 생각을 가로막기 때문이다. 이 책은 비로소 '나'라는 존재에 대한 생각을 하게 만들어 주는 부분이 매우 강렬하고, 냉소적이고, 차별적인 논리적인 면이 매우 강하게 드러나 있다.

위에서 언급한 믿음과 이성에 있어서 그 이성에 대한 또 다른 의심을 통해서 만들어진 네 개의 감옥에 대한 설명은 플라톤의 이데아 세계를 통해서 현실의 문제를 또 다른 측면에서 해결해 보려는 노력과 사뭇 다른 인간의 이성이 추구해야 할 또 다른 이성의 세계에 대한 열망을 불어넣어 주었다. 여기에서 말하는 모든 이성은 이성적이면서도 믿음화되어 있는 모든 이성을 말하는데 과학적이고, 수학적인 체계도 포함하고 있다. 과학적 사고와 수학적 사고에 있어서 검증되지 않은 믿음의 영역을 다룬 것은 매우 도발적이면서 신선하다. 이 책은 바로 검증의 측면을 다각도로 다루고 있는데 그 가운데 네 개의 감옥을 통해서 검증의 영역을 크게 확대하지도, 너무 소심하게 표현하지도 않았다.

특히 감각 기관의 감옥, 뇌의 감옥, 언어의 감옥, 주체의 감옥은 현재에 마치 진리라 이야기하는 과학, 종교, 수학 등과 같은 기존 사회질서들이 만들어 놓은 것들이 스스로 만들어 놓은 감옥인지라 외부 사정을 전혀 알 수 없는 죄수의 모습을 가지고 있다고 말하고 있다. 특히 이 책에서 말하는 기독교의 신앙적 관습과 전통은 인간들이 짜 맞춰 놓은 그럴듯한 언변술에 가깝다는 이야기에는 매우 강하게 공감하는 바이다. 이는 특히 창조적 종교론이 가지고 있는 믿음의 영역이 저자가 말하고자 하는 검증의 영역선에도 전혀 미치지 못하는 종교적 아집에 가깝다.

스스로의 감옥에 갇히는 원인에 대해서 저자는 생각에 대해 과감하게 원초적인 의문을 던진다. 생각한다는 것이란 무엇인가? 생각하고 있는 것에 대해서 생각하고 있는 것을 아는 것은 생각뿐이기 때문에 생각한다는 것에 대한 원초적인 물음은 어리석으면서도 필요한 물음이다. 여기에서 어리석다고 표현한 것은 생각하기를 게을리하는 사람들은 분명 생각하는 것이라는 의문에 대해서 골치 아프다고 생각할 것이다. 이것이 역사 속 기독교라는 집단적인 광기에 사람들이 사로잡히게 된 원인이다. 생각을 게을리한 원인은 현재의 "나는 신이다"라는 광기 어린 집단의 우스운 행동과 종교적 폭력성이라는 사태 속에서 깨닫게 될 수밖에 없는 우둔함을 결과로 가져온다. 중세 역사 속에서 기독교는 그러했고, 지금도 똑같이 그렇게 하고 있다. 이것은 분명 그들이 지금도 자기 믿음이 이성이라는 착각에서 불러오는 스스로의 감옥에 갇혀 있다는 증거가 된다.

그런데 이 책을 읽으면서 마음과 이성에 심하게 격랑을 치는 부분을 발견하게 되었다. 후반부를 읽기 시작하면서부터 '제3우주론'이라는 책 제목이 과연 적합한가?'라는 의문이 들기 시작했다. 왜냐하면 이 책은 과학적 우주론과 창조적 우주론에 대한 대안적인 측면에서 기록되었다고 한다면 두 개의 우주론에서 서로 대립하는 요소가 무엇인지에 대한 고찰이 필요했다. 그러나 이 책에서 우주론이라는 개념의 시초를 위에서 제시한 언어의 감옥 속에 넣고 말았다. 왜냐하면 제3의 우주론을 인정하게 하기 위해서. 특히, 종교에 대해서 이야기하고자 기독교를 없애기에 급급해져 버렸다. 야훼의 유일신 부정에 대한 내용과 예수의 언행에 대한 이야기가 그렇다.

초반에 강렬하게 가슴에 부딪혀 왔던 인간이 우주를 창조한 것이라는 모티브를 제공한 A와 B의 대화에 깊이 빠져있었다면 더욱더 그러하다. 거창한 우주론을 기대한 것은 아니지만, 실질적으로 기독교가 존재하지 않아야 만이 살아남을 수 있는 우주론이 된 것 같아서 아쉬움이 매우 크게 남는다. 비판을 받아야 할 부분을 감춰 놓은 듯하다.

특히 제3우주론이라는 거대한 타이틀에 맞는 결론이 과연 무엇일까? 라는 궁금증을 가지고 집중해서 읽은 내 자신의 입장에서 본다면 후반부에 나오는 수많은 내용은 앞에서 이야기한 것들과 매우 상반되며, 자신이 생각해 온 일상에서 느껴지는 철학적 사색들을 나열해 놓은 듯한 느낌을 받았다.

제3우주론적 입장에서 모든 것은 합의에서 결정된다는 부분에 결정된다는 것이 시작이고, 제3우주론의 대안론이라고 볼 수 있는 것인지는 잘 모르겠지만 제3우주론적 합의라고 말하고 있는 것은 그리 새롭지 않다. 이것은 고대 그리스 민주주의에 대한 고민과 노력이며, 현재 우리 사회가 추구해가려고 하는 민주주의에서 고민해야 하는 요소에 해당한다. 그래서 이 책은 네 개의 감옥에서 벗어난 세계를 추구함과 동시에 스스로를 감옥에 가두고 말았다.

이 책은 우주론에 대한 개념을 초반에 쏟아 놓은 것이 전부라는 생각이 들게 한다. 철학적 사유적인 개념 내에서 우주를 인간이 만들었다는 내용은 창의적이라고 할 수 있으나, 적어도 종교적 창조론과 과학적 창조론에서 고민하는 것은 어떻게 우주가 생성되었냐이고, 기독교적 창조론이 틀렸다는 주장은 과학적 창조론의 창조원리와 과정 때문이다. 그런데 이 책에서는 그런 내용은 전혀 다루고 있지 않다. 과학적 창조의 원리와 종교적 창조의 원리가 서로 대치되는 영역이 창조론적 의문에 있어서 종교적 창조론의 맹목적 믿음의 영역이었음을 증명했다 한다면, 제3의 우주론 속에서 창조론은 어느 창조론에 대한 반박도 될 수 있는 부분이 없고, 심지어 종교론적 창조론에 대한 부분에 대해서도 어떤 반박을 내놓지 못했다. 단지 과학적 창조론이 종교적 창조론의 감옥에서 꺼내 놓은 것을 고맙게 여기는 듯한 생각을 벗어나지 못하게 되었다.

자칫 잘못하면 철학적 언변이 그동안 기독교가 해왔던 믿음의 영역에 맹목적으로 빠져있었기에 이성의 마비되었던 것처럼 창조론에 대한 관점에 있어서는 종교적 요소를 넘어서지 못하고 있다. 마치 자연스럽게 믿으라 강요하고 있는 듯하다.

왜냐하면 적어도 이 책에서 지적하고 있는 네 개의 감옥에 대한 혜안은 또 다른 우주론적 사고와 관념을 갖게 하기에 충분하기 때문이다. 그러나 결국에는 더미의 역설 속에 모든 과정을 가두어 버렸다.

그러나 저자가 말하고 있는 깨달음의 의미를 통해서 비로소 이 책에서 말하고자 하는 이해의 산을 넘어서게 만들어 주고 있다. 그것은 한계를 인지하는 것, 아는 것이 없다는 것, 아는 것이 별것이 아니라는 것, 그것이 가장 큰 깨달음이고 학문의 최고봉이라는 말을 통해서 제3 우주론이 말하고자 하는 것이 단지 창조방식에 대한 접근이 아니라는 것을 알게 해주고 있다.

제3우주론은 정의의 개념을 다룬다. 그리고 생명에 대한 세 가지 역설을 통해서 생명에 새로운 관점을 갖게 해주고 있다. 무생물의 역설, 더미의 역설, 언어의 역설, 문명론, 진화론, 종교에 대한 해석 이 모든 것들은 제3 우주론이 이야기하고 있는 것이 단순히 창조론적 대립에 대한 이야기가 아닌 새로운 세상을 향한 발돋움을 이야기하고 있다. 다시 말해서 책 자체가 감옥에서 나오게 하려는 강렬함이 돋보인다.

이미 믿고 있는 것에 대해서는 의심을 그러나 그 의심은 단순한 배격의 의미가 아닌 믿을 만한 것은 이미 믿으라는 말이 없어도 믿을 수 있어야 하는 것이라는, 명백함이 가미되어 있어야 한다는 의미로써 의심을 말하고 있다. 이것이 제3우주론에서 강조하고 있는 핵심이다. 특히 의심의 영역은 윤리학이라는 일상에 필요한 관계에 있어서 필연적으로 필요한 부분을 언급함을 통해서 제3우주론이 일상으로 파고들고 싶어 하는 것을 알 수 있도록 자연스럽게 설명한다. 다시 말해서 믿을 수 있는 것은 믿어지게 되는 것을 몸소 보여주고 싶어 한다는 것을 인지하게 만들어 준다.

내가 이해한 제3우주론은 과학을 넘어 종교를 넘어, 생각을 넘어, 감정을 넘어 '나'라는 생각하는 자아를 통해서 늘 새롭게 해석되어야 하는 세상을 의미한다고 생각한다. 고정된 것 속에는 분명히 믿음의 영역이 자리 잡게 될 것이고, 그것은 맹목성을 가미시킨 맛없는 생명을 만들고 말 것이다. 이 책은 이런 것을 경계하기를 바라면서 나이면서 타자이기도 한 세상에 가득한 나라는 존재들이 합의라는 고차원적이면서 가장 현실적이고, 가장 과학적이고, 나아가 가장 종교적일 수 있는 세상을 만들기를 염원하고 있다는 것을 발견하게 되었다.

『제3우주론』 서평:
속이 뻥 뚫리는 이야기

이수현

난 평소에 인간의 자만심이 꼴 보기 싫었다. 운이 좋다면 좋아서 요즘 시대의 먹이사슬의 최강자 자리에 오르기는 했지만, 뭐만 하면 인간을 생물의 최고봉인 양 치켜세우고 신격화하는 것이 나는 아주 보기가 싫었다. 원숭이랑 유전자 하나밖에 차이 안 나면서 뭘 그렇게나 우월하다느니 어쩌느니 시혜적인 차원에서 다른 생물들을 보는 것이 속으로는 참 꼴값이라 생각했다. 나 자신도 인간이긴 하지만, 자기가 좋은 사람이라고 말하는 사람 중에 좋은 사람이 없듯이, 자신이 우월하다고 생각하는 종(species)중에 진정으로 우수한 종은 없다고 생각한다. 사실 우수하다는 것이 뭔지도 잘 모르겠고 말이다. 이러한 측면에서 볼 때, 인간은 무지하고, 우주에 대한 인식 또한 인간의 한계 속에서 펼쳐졌다는 것을 알아야 한다는 이 책의 논지는 상당히 매력적으로 느껴졌다. 제3우주론의 전개는 이러하다. 먼저 기존의 우주론, 즉 신이 우주를 만들었다는 창조적 우주론과, 신을 이성으로 대체한 요즘의 과학적 우주론의 근본적인 인식을 뒤집어 놓고, 인간의 자부심과 맹목적 믿음을 잠시 내려놓은 관점으로 우주를 바라보는 제3우주론을 얘기한다. 그리고 그 과정에서 대두되는 문제인, '안다는 것은 무엇인가'에 대해서 치밀한 논지를 펼친다. 우주를 만들어 낸 것은 인간이고, 그런 인간을 아는 것은 우주를 이해하는 방식이자, 우리가 아는 것이 아는 것이 아니라는 것을 인식할 필요가 있기 때문이다. 그다음으로, 생명과 문명에 대한 논지가 각각 꼬리 질문처럼 따라온다. 또한, 우주를 만들어 낸 인간이 만들어 낸 또다른 산물인 종교를 다룬다. 그리고 우리는 자연스레 만나게 되는 '어떻게 살아야 할 것인가'란 질문에 대한 윤리적인 접근을 이 책에서 만나게 된다. 인간이 안다고 하는 것은 사실 아는 것이 아니고, 엄밀하게 따지면 태양도, 내가 사랑하는 강아지도, 좋아하는 꽃인 알스트로메리아도 사실 인간이 인식의 감옥에서 창조했다고 볼 수 있기에, 이것에 대한 합의가 필요하다는 결론이 나오게 된다. 그래서 이 책에는 가상의, 꽤나 합리적인 합의서 또한 적혀져 있다. 나는 합의서의 내용이 요즘 시대의 새로운 유토피아를 잘 그려냈다고 생각했다.

들기에는 매우 어렵고 이해하기 힘들 거라고 생각될지 몰라도, 쉬운 말로 접근하기 쉽게 쓰여 있다. 가장 본질적인 것을 다루면서 어렵지 않은 말로 쓰여 있다는 것이 좋았다. 글은 웬만하면 누구나 다 알아들을 수 있게 써져야 한다고 생각한다. 사실 나는 이 세상이 지옥이라고 생각한다. 끝없이 행복한 인간을 본 적이 있는가? 그런 사람이 이 지구 상에 존재하더라도 그 사람은 우리에게 미친 인간으로 치부될 것이다. 우리는, 적어도 나에게 무관심한 우주 속에서 때때로 웃고 더 많이 울고 대부분 권태롭고 꽃가루 알레르기에 고통받는 삶을 살고 있다. 뉴스에는 지옥에서 일어날 법한 일들이 일어난다. 우리가 잘못해서 지옥에

가는 것이 아니라, 여기가 지옥이다. 그래서 우리는 태어날 때부터 죄 많은 인간인 것이다. 이러한 측면에서 나는 기독교를 별로 좋아하지는 않지만, 선악과에 대한 얘기는 묘한 신빙성을 지니고 있다고 생각한다. 아무튼, 지옥에는 신이 있을 리 없다. 사탄이면 몰라도. 이런 종교관을 가진 나에게, 제3우주론이 종교에 대해서 말하는 부분은 정말 매력적이었다. 평소에도 신이 없다는 생각을 해 왔었고, 우주는 우리에게 하나도 관심이 없다는 것을 느꼈다. 이 책에는 신이 없다는 생각을 넘어서서, 대표적 야훼교인 기독교에 대한 신랄한 비판을 설득력 있는 논지로 전개한다. 그리고 다수의 생각이라고, 다수의 믿음이라고 추종하는 습관을 버려야 할 것을 얘기한다. 또한 요즘 이슈가 되는 사회문제를 다루는데, 그것 또한 재밌다. 넷플릭스 다큐멘터리 〈나는 신이다〉를 한 번쯤 들어보았을 것이다. 이런 재밌는 화두를 가지고 결국 사이비뿐만 아니라 종교 자체가 모순이고 거짓이라는 결론을 도출하게 된다. 이것에 반박하고 싶다면 이 책을 읽어보시길.

약간 다른 얘기를 하자면, 나는 예전부터 지식인이 되고 싶었는데, 한 교양 교수님이 해주신 말씀이 생각난다. 지식인이 되려면 최신의 학문, 최신의 것을 접해야 할 필요성이 있다고. 하지만 나는 사회문제가 들어간 예술보다 인간 내면에 집중하고 외부보다는 내부에 집중하는 그런 예술을 더 고귀하게 취급하는 경향이 있었다. 그래서 그 말을 들었을 때도 내심 '아무리 그래도 현대문제를 다룬 한국 신파영화보다 인간 내면에 집중한 영화가 더 가치 있어'라는 생각을 버릴 수 없었다. (사실 지금도 그 생각은 유효하긴 하다.) 그럼에도 최신의 사회문제나 최신의 것이 들어간 것 중 내 마음을 울리는 이야기들을 많이 만났다. 5.18 광주 민주화 운동을 다룬 한강의 『소년이 온다』, 예멘의 이주자 문제를 다룬 김아영의 『다공성 계곡』 등 미시적인 문제를 다룰 때 보다 더 거대하고 울림을 주는 작품들을 많이 보았고, 이 책도 그 중 하나라는 이야기를 하고 싶어서 긴 화두를 던져보았다. 인구 문제, 수준의 문제, 인공지능, 돈, 감정 등의 요즘의 문제들을 논리적이지만 쉽게 설명해주고 있으며, 그러나 그 안에 담긴 내용은 쉽게 여길 만한 것이 아닌 소중한 그 무엇이라는 생각을 떨칠 수가 없다.

그런 면에서, 이 책을 보면서 요즘 가장 핫한 아이돌인 르세라핌의 신곡인 〈unforgiven〉이 떠올랐다. 누군가에게는 용서받을 수 없는 이야기이자 불경한 이야기일 수 있지만, 낡은 대물림을 벗어나 금기를 겨누고 새 시대를 향해 나아가는 그런 노래. 그리고 매력적인 목소리로 우리를 부르는. 그런 새 시대의 노래가 아닐까? 이 책도 같은 맥락을 보여 준다고 생각한다.

정말 사족으로, 나는 아이를 낳고 싶다. 세상에는 두 종류의 아이가 있다고 생각한다. 하나는 내 유전자를 담은 생물학적인 내 아이와, 다른 하나는 나를 잘 나타내고 내 본질을 담아낸 창작물. 이 창작물에는 직접 개설한 유튜브 채널부터 논문, 음악, 사진, 요리 등 다양한 개념들이 포함될 수 있다고 본다. 나는 이 두 종류의 아이를 다 출산하고 싶다. 아무튼, 요지는 이 책을 읽으면서 저자가 또 하나의 아이를 출산하셨음을 알 수 있었다는 것이다. 쉽게 낳은 자식은 없는 것처럼, 그 과정이 행복과 고통의 뒤섞임, 또는 기나긴 진통이었을 것이다. 부디 이 책이 사산되지 않고 그 존재의 소중함을 간직한 채로 누군가에게 또 다른 영감이 되기를 바라며 이 서평을 마친다.

『제3우주론』 서평문

임상락

1. 제3우주론: 인간의 인식에 대한 새로운 관점

내가 그의 이름을 불러주기 전에는

그는 다만

하나의 몸짓에 지나지 않았다.

내가 그의 이름을 불러주었을 때,

그는 나에게로 와서

꽃이 되었다.

– 「꽃」, 김춘수

김춘수의 「꽃」이라는 시를 통해, 우리는 앎이 그것의 관찰자이자 인지자인 인간의 생각하는 방식에 따라 만들어져 나간다는 것을 알 수 있다. 이 시를 통해 우리가 얻을 수 있는 통찰은, 인간의 지각과 생각이 우리가 인식하는 세상에 영향을 미친다는 것이다. 시인은 꽃의 이름을 부름으로써 그것을 인식하고 이해하게 되며, 무의미한 몸짓에서 아름다운 꽃으로의 변화를 이끌어 낸다. 이것은 인간의 앎이 우리가 인식하는 세상을 어떻게 변화시키는지를 보여주는 좋은 예이다.

"제3우주론에서는 우주가 인간의 불완전한 감각과 불완전한 뇌와 불완전한 이성이 만들어 낸 산물이라고 생각한다." 그것은 "창조적 우주론과 과학적 우주론의 비판적 대안으로 나온 새로운 우주관이다."인간은 신을 믿고 창조적 우주론을 만들어 냈으며, 이성을 믿고 과학적 우주론을 만들었다. 하지만 제3우주론은 신이든 이성이든 믿음으로 시작된 것은 신뢰할 수 없다고 주장하며, 생명과 인간, 이성에 대한 새로운 인식을 제안한다. 그것은 '안다는 것은 무엇인가?'에 대한 탐구를 바탕으로 성립되며, 이 과정에서 이성 비판, 언어 비판, 과학 비판, 수학 비판 등의 의심을 거두지 않는다. 제3우주론은 인간을 우주 만물의 주인으로 여기지만, 인간의 자부심을 깨뜨리고 본원적 한계를 절감하게 하는 결론으로 이어진다.

시인의 지각이 꽃의 존재에 영향을 미친 것처럼, 우리는 주변 세계를 관찰하고 이해하는 과정에서 세상에 대한 새로운 의미와 가치를 부여하게 된다. 마찬가지로 제3우주론에서 저자는 인간의 관찰자 및 인지자 역할에 대한 근본적 질문을 던지며, 안다는 것의 정의, 생명과 문명, 종교, 윤리학적 대안 등에 대해 고민한다. 제3우주론이 시인의 마음처럼 인간의 인식에 대한 새로운 관점으로 발전하기 위해서 몇 가지 제안을 해 본다.

2. 인간은 과연 만물의 척도인가?

저자는 인간은 만물의 척도라고 주장한 그리스 철학자 프로타고라스의 말을 인용하면서, 제3우주론의 윤리학적 기준을 인간 중심적으로 설정해야 한다고 주장한다. 또한 저자는 창조적 우주론과 과학적 우주론에 대한 비판적 시각을 제시하면서, 인간을 우주 만물의 주인으로 여겨야 하며 인간이 우주를 창조한 것이라고 주장한다. 하지만 인간이 만든 신을 믿은 창조적 우주론과 인간 이성을 믿는 과학적 우주론도 지극히 인간적인 세계관인데, 제3우주론이라는 새로운 관점을 주장하면서 굳이 인간 중심주의를 표방하는 것에 의문이 남는다.

인간을 중심으로 세상을 바라보는 인식은 현대 사회에서 각종 환경 문제와 생태계 파괴의 주된 원인 중 하나로 꼽히곤 한다. 사실 인간은 지구상에 존재하는 수많은 생명체 중 하나에 불과하며, 생태계에서 중요한 역할을 하는 다른 생명체들도 많다. 지구의 역사는 약 46억 년이며 인간의 조상이라 할 수 있는 오스트랄로피테쿠스는 약 6백만 년 전에 출현했으며, 현생 인류의 직접적 조상인 호모 사피엔스의 출현은 대략 30만 년 전으로 추산된다. 이 시점을 지구의 전체 역사와 비교해 본다면, 인간이 지구상에 등장한 것은 지구 전체의 역사의 마지막 0.006% 정도에 해당하며, 하루 24시간 기준으로 대략 5.16초 정도에 해당한다. 지구에 대한 인간의 영향력은 매우 짧은 시간 동안 막대한 변화를 가져왔지만, 지구 전체 역사에 비추어 보면 인간의 출현은 사소한 하나의 생물종의 출현에 불과하며, 인간이 지구상에 얼마나 오랜 기간 존재할 수 있을지에 대한 의문이 드는 것도 사실이다. 이런 관점에서 볼 때, 인간이 우주 만물의 척도라고 주장하는 것은 지구 전체 역사의 관점에서 본다면 과장된 인간 중심적인 시각으로 볼 수 있다.

또한 저자는 진화론을 지지하며 윤리적 문제를 존재성과 유용성에 입각한 인간 합의의 영역이라고 주장한다. 하지만 이러한 자연에 대한 해석은 자칫 '자연주의적 오류'(The naturalistic fallacy)로 이어지기 쉽다. 즉, 자연에서의 경쟁과 자연선택을 인간 사회의 경쟁과 생존에 그대로 적용하거나, 생물의 적응과 번식을 인간의 윤리적 가치와 도덕에 적용하는 것은 부적절한 논리 전개이다. 적자생존(survival of the fittest)이라는 원리 앞에 약한 개체가 사라지고 강한 개체가 살아남는 것이 자연스러운 현상이라고 주장하거나, '이기적'으로 사는 것이 자연의 원리로 받아들이거나, 진화를 진보로 받아들이는 등 자연환경에서의 진화론을 인간 사회에 무분별하게 적용하여 도덕적, 윤리적 가치를 훼손하는 오류를 범하기 쉽다. 제3우주론에서 윤리적 문제를 인간의 합의로 결정하는 데 있어서, '자연'이라는 이름 뒤에 숨은 '인간'의 얼굴을 우리는 경계해야 한다.

인간 중심적 제3우주론을 대신해서, '시스템 생물학적 관점'이 훌륭한 대안일 수도 있겠다. 다윈의 진화론이 생명의 다양성과 진화를 자연선택과 적응에 의존하는 과정으로 설명하지만, 시스템 생물학은 생명현상을 지구라는 더 넓은 시각에서 바라보며, 생명체의 복잡한 상호작용과 네트워크를 연구하는 학문이다. 그것은 생명체를 단순한 개체로 보지 않고, 그 안에 존재하는 유전자, 단백질, 대사물질 등 다양한 성분들이 서로 복잡한 상호작용을 통해 기능하는 시스템으로 이해한다. 또한 다윈의 진화론이 개체의 특성을 집중적으로 연구하지만, 시스템 생물학은 전체 시스템의 동작 방식과 조직 원리에 초점을 맞춘다. 이를 통해 생명체의 복잡한 동작과 기능을 시스템 수준에서 이해하려고 노력한다. 인간의 이기적인 욕망 충족과 무분별한 자원 사용으로 인해 많은 생물 종들이 멸종 위기에 처해 있는 작금의 현실을 돌아본다면, 우리는 지구라는 시스템 안에서 다양한 생명체와의 공존을 도모하는 것이 지속 가능한 인간 생존에 유리하며, 소위 '만물의 척도'라고 착각하며 살고 있는 우리의 겸손한 자세일 것이다.

3. 믿음은 과연 배척의 대상인가?

철학에서 앎(knowledge)에 대한 정의는 '정당화된 참된 믿음(justified true belief)'이다. 이 정의에 따르면, 어떤 믿음이 참이고, 그 믿음이 정당화될 때, 그 믿음은 지식이 된다고 할 수 있다. 저자는 최상위의 지식은 순수 지식이며, 믿음 지식은 일부 유용성이 있다 해도 해악이 훨씬 크므로 폐지되어야 한다고 주장한다. 또한 최상위 지식은 모든 것이 허구라는 것을 인식하고 모든 것이 합의를 통해 이루어지는 것을 이해하며, 합의의 기준을 세우는 것이라고 주장한다. 저자는 합의를 위해 의심을 강조하지만, 우리의 앎이 가능하기 위해서는 믿음이 선행 조건이 된다는 것을 간과해서는 안 된다.

유발 하라리는 『사피엔스』에서 인간이 언어를 사용하여 '없는 것을 상상하는 힘'이 중요하다고 강조한다. 그는 이러한 능력을 '상상력'이라고 부르며, 인간이 다른 동물들과 차별화되는 주요한 능력 중 하나로 언어를 사용하여 추상적인 개념이나 아이디어를 생각하고 전달할 수 있다는 것을 지적한다. 이러한 '상상력'을 바탕으로 인간은 '신'이나 '국가', '화폐'도 믿을 수 있다. 믿음을 바탕으로 하는 상상력으로 인간은 미래에 일어날 일들에 대한 계획을 세우거나, 과거의 경험을 토대로 새로운 아이디어를 발전시키며, 복잡한 사회 구조와 문화를 형성할 수 있다고 그는 주장한다.

이러한 관점에서 본다면, 신에 대한 믿음은 사회 구성원 간의 합의와 연대를 형성하는 데 중요한 역할을 해왔다고 할 수 있다. 종교는 사람들에게 공동의 가치와 목적을 제공함으로써 사회적 응집력을 증진하는 역할을 했으며, 이를 통해 사람들이 연대하고 협력할 수 있는 기반을 마련했다. 그것을 기반으로 오늘날과 같은 국가가 탄생할 수 있었으며, 인류의 윤리적 가치 체계를 제공할 수 있었다. 또한 우리가 사용하는 화폐도 사실은 '믿음'에 근거한다. 화폐 자체는 종이, 금속 또는 디지털 데이터로 구성되어 있으며, 이러한 물질 자체에는 별다른 가치가 없다. 그러나 사람들이 화폐에 특정 가치를 부여하고 그 가치에 대한 믿음을 공유할 때, 화폐는 거래 수단의 역할을 하게 된다. 따라서 화폐의 가치는 사람들이 그 가치를 인정하고 '믿는 것'에 기반을 둔다.

이와 같이 인간의 역사에서 '종교', '신', '화폐' 등은 인간의 합의를 거쳐 발전해 왔다. 이러한 합의의 기준은 시대와 상황에 따라 변화할 수 있으며, 가까운 미래에는 아마 '데이터'나 'AI 확률 모델'등과 같은 새로운 합의의 기준이 등장할 것이다. 그것은 인간 사회에서 기존의 믿음의 대상이 된 '신'이나 '화폐'의 역할을 대신할 것이며, 이러한 새로운 합의의 기준도 결국 인간의 상상력에 기반을 둔 '믿음'에서 출발한다는 것을 잊어서는 안 된다. 우리가 상상하는 것들이 현실로 이루어지는 것은 믿음의 힘이 있기 때문이다. 믿음은 인간의 본성과 깊이 연결되어 있으며, 그것은 지금까지 인류가 이룬 모든 것의 기반이 되었다.

4. 욕망 추구가 과연 인간을 행복하게 하는가?

제4장 문명론에서 저자는 "만일 문명의 발전이 인간의 욕망 충족에 크게 기여하지 못하고 인간의 욕망에 대한 기대 수준만을 올려놓는다면 문명이라는 것을 계속 발전시켜야 하는 이유가 없을 것이고 문명을 대신하여 인간의 욕망 충족도를 높일 새로운 방법을 고민할 필요가 있다."(p.69)고 주장한다.

하지만 인간의 욕망 충족이 과연 얼마나 지속될 수 있으며, 그것이 진정한 행복인지에 대한 의문이 남는다. 가령, 욕망을 강조한 고대의 에피쿠로스학파도 인간의 감각적 욕망은 만족하기 어렵고, 무한한 욕망 추구가 결국 인간을 더욱 고통으로 이끈다고 생각했다. 또한 그들은 욕망을 합리적으로 관리하고 정신적 평온과 균형 잡힌 삶을 통해 인간의 행복을 이루어야 한다고 강조했다. 또한 1960년대 유럽과 미국에서 성장한 히피 문화는 그들의 쾌락주의적 삶의 태도와 현실 도피적 삶의 방식이 지속 가능한 행복이 아니었음을 보여주었다. 저자가 제안하듯이, 설사 중독성과 부작용이 없는 해피드럭이 개발되더라도 단기적인 쾌락에 집중한 삶의 방식은 장기적으로 더욱 인간을 불행하게 만들 것이다. 왜냐하면 인간은 고통을 극복하면서 문명을 발전시켰기에, 일시적으로 얻기 쉬운 만족감에 도취된다면 그것은 결국 인간을 나약하게 만들 것이며 더욱 큰 고통으로 이어질 것이 분명하다.

실제 인간의 삶은 다양한 가치와 복잡성을 가지기에, 단순히 욕망 추구로 인간과 문명을 정의하기에는 부족하다. 우리들은 다양한 감정과 가치를 가지고 있으며, 이들은 상호 작용하며 인간과 문명을 만든다. 인간은 일견 자신의 욕망만을 추구하는 것처럼 보이기도 하지만, 그 이면에는 타인과의 관계, 공동체의 이익 등 사회적 가치를 더욱 중요시한다. 가령, 환경 운동가들은 욕망 추구보다는 지구의 지속 가능한 발전을 위해 기후 변화, 환경오염, 생태계 파괴 등의 문제를 해결하기 위해 다양한 활동에 참여하며, 인권 운동가들은 더 평등하고 정의로운 사회를 만들기 위해 성별, 인종, 종교 등의 차별 문제를 해결하고자 활동한다. 우리 주변에서 쉽게 만날 수 있는 각 분야의 자원봉사자들은 개인의 시간과 노력을 바쳐 지역 사회를 돕는 활동에 참여한다. 이들은 보상이나 명예를 추구하지 않고, 남을 돕는 것에서 자기 만족과 사회적 가치를 찾는다. 기부하는 행위도 이기적인 욕망을 추구한다면 가능하지 않은 것이지만, 인간은 공동체에 대한 관심과 타인에 대한 배려로 기꺼이 자신의 것을 남에게 나누어 준다. 결국, 인생의 목적은 단순히 개인의 욕망 충족에 그치지 않는다. 인간은 사회적 동물로서, 다양한 방식으로 사회적 가치를 추구하며 삶의 행복을 찾아간다. 이러한 추구는 타인과의 관계, 공동체 발전, 환경 보호 등 다양한 영역에서 이루어지며, 그 과정에서 인간은 더 나은 문명을 만들기 위해 노력한다.

『제3우주론』 서평문

김지유

  '제3우주론'에 대해 논하기에 앞서, 먼저 나는 "과학적 우주론은 관찰자인 인간에 대한 검증을 하지 않았다."라는 구절에 동의하지 않는다. 그 이유는 이 책의 도입부를 읽으면서 칸트 사유의 코페르니쿠스적 전환을 쉽게 떠올릴 수 있었기 때문이다. 칸트는 이성 능력의 가능성과 한계를 검토하며, '우리가 무엇을 알 수 있는가?'에 대하여 치열하게 고민하였다. "인간의 눈이 생기기 전에는 밝은 것은 없었어."라는 구절만 봐도, 이 사항은 이미 칸트에서 논의된 내용이 아닌가? 칸트는 모든 사물이 우리의 감관이나 이성을 거쳐 나타나기 때문에, 우리가 인식하는 것은 대상 그 자체인지 아닌지 확인할 수 없다고 말하였다. 따라서 칸트는 대상에 대한 검토가 아닌, 인식에 대한 검토로 사유를 전환한다. 이것을 칸트 자신이 사유의 코페르니쿠스적 전환이라고 비유하기도 하였다.

  제3우주론이 새 우주론을 펼치는 논리 과정은 칸트가 영향을 많이 받은 영국 경험론이 생각나기도 한다. (특히 나의 경우에는 버클리가 떠올랐다.) 그런 점에서 제3우주론은 새로운 시각을 주장한다기보다도, 근대부터 시작되었던 인간 이성 능력에 대한 문제를 다시금 제기한다고 볼 수 있을 것이다.

그렇다면 제3우주론에 대해 얘기해 보자. 책에 의하면 "제3우주론은 불완전한 인간이 우주만물의 주인이 되는 우주관이다(26p)". 이는 어쩌면 신비주의적인 주장으로 보이기도 한다. 나는 쿠자누스가 인간을 제2의 신으로 비유한 것이 생각났는데, 그는 신이 우주를 창조하는 것처럼 인간도 상징과 비유를 통해 세계를 창조한다고 보았다. 그러하여 인간이 신적인 것을 가진 존재라고 주장한 것이 쿠자누스이다. 물론 이 책은 "인간을 창조적 우주론에서 막강한 힘을 가진 신과 같은 위치에 올려 넣으려는 시도가 아니(101p)"라는 것을 처음부터 끝까지 이야기하고 있다는 점에서 절대 신비주의적이라고 볼 수는 없지만, 제3우주론의 논리가 충분히 이해 간다는 것을 다시금 알 수 있었다.

이어서 책에서는 '제3우주적 인식론'을 전개하는데, 이것은 곧 인간이 무엇을 알 수 있는가, 그 이전에 안다는 것은 무엇인가를 묻는다. 이 책에 의하면, "안다는 것은 인간 뇌의 활동의 결과물이다(33p)". 즉 이성이다. 그리고 인간 이성은 우리를 둘러싼 세상을 이해하기 어렵게 만든다고 한다며 '이성의 감옥'이라고 부르는 4가지 장벽을 제시한다. 결론적으로 이 책에서는 인간 이성을 부정적으로 보고, 세상을 파악하는 장애물로 보고 있다. 이 자세한 설명에서 가장 흥미로운 부분은 생명론이었다. "모든 생명은 무생물인 원자로 이루어져 있다. 완벽히 무생물로 이루어진 것을 무생물이 아니라고 말한다면 무생물은 무엇인가?"라는 구절이 나온다. 한 번도 생각해 본 적 없지만 설득되는 문장이었다. 실제로 인간은 생명이 무엇인지에 관해 제대로 정의 내리지 못하고 있다. 인간 이성의 한계를, 현대인이 이해하기 쉽게 설명한 것이다.

결론적으로 이 책은 인간의 앎은 허구에 불과하다고 주장한다. 이 주장을 처음 맞닥뜨렸을 때, 나는 불만이었다. 그렇다면 우리의 모든 인식이 무용하다는 것인가? 하면 이 책을 쓰고 또 읽는 것에는 어떤 의미가 있는가? 그리고 인간은 살아가면서 무엇인가를 느끼거나 생각하는데, 그것이 확실한 사물에 대한 인식이 아니라고 해서 이를 허무한 것으로 볼 순 없지 않나? 하지만 이 책의 결론은 그런 내용이 아니다. 오히려 이의 결론은 인간의 주체성을 강조하는 측면으로 느껴졌다.

제3우주론의 논리대로면 이 세계에 인간이 존재하는 것이 아니라, 이 세계를 인간이 구성한 것이다. 그러므로 "인간이 어떻게 살 것인가 하는 문제는 전적으로 인간의 합의에 달려 있다(101p)". 인간이 자연에 순응해야 하는 존재가 아니라, 인간이 앞으로의 삶을 만들어 나가야 한다는 것이다. 그럼으로써 '합의'라는 것이 중요해진다. 허무에 빠지지 않고 인간이 어떻게 살아가야 하는가에 대해 논했다는 점에서 '제3우주론'은 유의미해진다. 21세기 우리는 합의의 세계에 살아간다고 해도 과언이 아닐 정도로, 많은 의견이 존재하고 서로 충돌하며 타협하며 살아간다. 작게는 개인의 관계에서부터 크게는 국제 관계에서도 그러하다. 현실 상황과 비교해도 '합의'라는 것이 중요하다는 것은 옳아 보인다.

그러나 이러한 결론에도 의문은 생긴다. 이 책에서는 인간 인식의 한계를 얘기했지만, 결국 인간이 세계를 구성하고 서로 합의하는 능력을 가졌다고 인정한 점에서 여타 존재들과 인간을 구분 지은 것이 아닌가 하는 생각이 든다. 어찌 해석한다면 이 또한 인간의 우월성을 인정하는 것이 아닐까? 인간이 인간을 좋게 만들기 위해 무언가 합의를 한다면, 그것은 무엇이 인간에게 좋을지 판단할 수 있는 능력이 인간에게 있다는 것이 아닌가? 이 능력은 어디서 오는가? 인간 이성이 세상에 대한 지식을 얻을 수 없게 가로막는다고 했는데, 인간사에 대한 지식도 세상에 대한 지식이지 않나? 또, 합의를 한다는 것은 자신이 아닌 여타 인간이 어떤 주장을 하는지 파악할 수 있어야 하는데, 인간이 그러한 능력이 있나? 그렇다면 정확히 인간 이성은 '어디까지는' 가능하며 '어디부터는' 불가능한지, 조금 더 명확한 설명이 있었다면 읽는 이의 이해도가 높아졌을 듯하다.

『제3우주론』은 누군가에게는 궤변처럼 느껴진다. 하지만 인간 인식에 대해 고민했던 사람이라면 이 주장이 그리 놀랍지만은 않을 것이다. 인간이 인식하는 세상은 세상 그 자체라기보다는 인간이 만들어 낸 것이다. 그 사고에서 시작하여 이 책은 인간이 '합의'할 수 있는 존재임을 강조한다. 그리고 앞으로 어떤 '합의'를 해야 할지 논한다. 이처럼 인식론과 존재론적인 질문에서 시작한 글의 흐름은 자연스럽게 윤리학으로 이어진다. 다만 인식론적 기반을 앞에서 길게 설명하기 때문에, 앞부분을 읽으면서 회의주의를 이야기하고자 하는 건가 싶어 혼란스러웠다. 앞부분에 초록이나 결론 요약 등을 제시한다면 글을 이해하기 더 좋을 것 같다는 생각이 든다.

『제3우주론』 서평문

이상경

　나는 처음 이 글의 제목과 목차를 보고 환호했다. 적어도 내가 경험한 철학에 관해 이와 같이 광범위하고, 흥미롭고, 재미있으며 누구나한 번쯤 궁금하고 누구에게 물어보고 토론해 보고 싶은 주제를 다룬책이나 논문을 접한 기억이 없었기 때문이다. 본문은 어떤 면에서 난해하고 재미없고 세상살이와는 그다지 관련이 없는 철학이라는 학문을 생활에 끌어들일 수 있는, 그래서 무엇인가 생활에 활력을 찾고 목표를 설정하며, 살 만한 인생이라는 생각을 갖게 할 수 있는 좋은 주제라 여겨진다. 다시 말해 일반대중에 철학이 진부하지 않고 생활과 함께하며 쉽게 접근할 수 있는 학문이 아닌 토픽으로 접근할 수 있게 해주는 매력적인 글이라 생각한다. 그리고 어렵지 않게 일독할 수 있는 구성과 문장이라 사료되어 마침내 출간하여 세상에 나오길 간절히 바라 마지않는다. 다만 내용에 관한 서평은 다툼의 여지가 많고 너무 광범위함으로 핵심 내용인 제3우주론 개요에 대하여 몇 가지 첨언하고자 한다.

1. 제3우주론 개요에 대하여

저자는 본문에서 "우주론은 우주의 생성과 진화 및 그 운명에 관한 문제를 다룬다."라고 했고. "제3우주론은 창조적 우주론과 과학적 우주론의 비판적 대안으로 나온 새로운 우주관이다"라고 했으며 "제3우주론에서는 인간이 우주의 창조주인데 이는 우주가 인간의 불완전한 감각과 불완전한 뇌와 불완전한 이성이 만들어 낸 산물이기 때문이다."이것이 본문의 핵심이 아닌가 한다. 우선 제3우주론의 정의인데 우선 창조적 우주관이 제1우주관이고 과학적 우주관이 제2우주관이며 인식적 우주관이 제3 우주관이라 했는데 이와 같은 구분과 분별에 대한 근거와 설명이 없는 도그마적 선언이라 여겨진다.

저자는 제3우주론의 대두를 기존의 우주관에 대한 대안으로 설명한다. 그렇다면 기 두 우주론과는 상당한 실제 논리적 다름이 있어야 한다. 필요한 이유도 명징(明徵)해야 한다. 기존의 두 우주론에 대한 비판으로서 충족되는 것은 아니다. 저자는 "우주에 대한 관찰자이자 인지자로서의 인간에 대한 비판이 필요하다. 인간은 우주를 관찰하고 지식을 축적하기에 적합한 역할을 수행할 수 있는가에 대한 근본적인 질문을 던져야 한다"고 주장한다. 그런데 인간이 관찰함에 있어 무엇을 가지고 하는가? 맨 눈으로 바라만 보는 것을 관찰이라 하지 않는다. 관찰자의 선험적 지식의 축적 없이 관찰이 가능한가? 선험적 지식은 어디서 기원하는가? 이는 과학적 우주론의 토대이다. 저자는 "기존의 과학적 우주관이 창조적 우주관과 같이 믿음에서 비롯되었다"고 주장한다. 그러나 지식의 축적은 단순한 믿음이 아니다. 실증되고 경험된 지식의 토대 위에 형성된다. "관찰자인 인간에 대한 검증을 하지 않았다"고도 하지만 인간에 대한 검증은 또 다른 명제이다.

저자는 우주를 실체가 아닌 관념의 세계로 보는 것 같다. 그러나 우주가 단지 관념의 세계라 한다면 불교에서 말하는 우주론과 무엇이 다른가? "공즉시색 색즉시공"반야경의 280여 자에 달하는 설법으로도 관념의 세계에 대한 인지는 충분하다. 이에 따르면 인간도 실제가 아니다. 그 실제가 아닌 허상이 생성하는 관념, 그 바탕 위에 비친 우주는 과연 진정한 실체인가? 반문하지 않을 수 없다. 저자는 철학적 우주관은 이제 더 이상 논의되지 않는 죽은 우주론이라 역설하지만 저자가 말하는 관념은 철학 그 자체이다. 저자는 우주가 "불완전한 감각과 불완전한 뇌와 불완전한 이성이 만들어 낸 산물"이라고 주장하는 데 그러면 그 불완전한 인간의 관념이 생성한 우주는 역시 불완전한 것인가? 불완전한 인간이 불완전한 우주만물의 주인이 된다는 것은 논리모순이라 할 수 있다.

또한 "제3우주론은 인식론(epistemology)을 바탕으로 성립한다."고 한다. 인식론은 지식 또는 인식과 이론(logos)을 토대로 고찰하는 서양 철학의 중요한 학문 분야다. 저자가 이미 죽었다고 설파한 철학적 우주관의 방법론을 새로운 대안으로 제시한 제3우주론의 방법론으로 차용하는 것은 모순이다. 우주는 내가 없어도 여전히 존재하는 실체이다. 아인슈타인이 한 말에 공감한다. "내가 달을 바라보지 않는다면 달이 없어지기라도 한단 말인가?" 제3우주론으로는 우주의 생성과 실체에 대한 어떠한 사고도 도출해 낼 수 없다.

2. 제3우주론의 진화론 비판에 대하여

"생명이라는 것이 무생물의 한 형태라고 한다면 생명의 진화를 설명하는 진화론은 다시 생각해 볼 필요가 있다." 진화론은 생명에 관한 주장만으로 한정 지을 수 없다. 또한 생물학적으로 다루어질 필요도 없을 것이다. 저자의 진화론에 대한 인식 편린(片鱗)이다. 저자는 바위가 모래가 되는 과정을 설명하며 진화론은 생명에 관한 주장으로 국한시킬 수 없는 예로 들었다. 당연하다 진화론은 우주의 탄생부터 가장 고등동물이라 칭하는 인류의 출현까지의 모든 과정을 섭렵한다. 바위가 모래가 되고 열대 지방에 사는 사람의 피부가 검어지는 것을 변화, 또는 소진화라 하여 지금의 진화론에서는 더 이상 취급하지 않지만 진화론의 한 분야인 것은 맞다.

다윈이 종의 기권을 편찬한 이래 근래 도킨스가 이기적 유전자를 출판하여 신다윈주의로 이어져 내려온 동한 진화론은 숱한 변모를 겪어왔다. 현재도 신다윈주의와 함께 유사 진화론인 유신 적(有神的) 진화론이 학문계의 헤게모니를 놓고 이전투구를 하고 있다. 학술적으로 진화론은 생명의 탄생과 그 진화적 전개를 통해 고등 생명에 이르는 과정을 궁구하려 하기에 생물학적 연구는 필연적이며 그래서 오늘날에는 분자 생물학, 발생 생물학, 화학 생물학 등 다양한 분야로 분기하여 엄청난 에너지를 투여하고 있다. 그러므로 생물학적으로 다루어질 필요가 없다는 저자의 주장은 진화론의 실상을 무시한 편견이라 할 수 있다.

3. 인식론적 우주관에 대한 또 다른 생각

불학(佛學)에 유식론이 있다. 불학에서는 기본적으로 우주를 공(空)에서 출발한다고 본다. 저자의 주장대로 우주는 사람의 인식에서 출발하므로 우주는 실체가 아닌 인식 속에 존재한다는 것이다. 유식론의 골자는 아뢰야식(阿賴耶識)으로 인간의 5감이 5식이고 6식은 정신, 제7식은 자아의식이며 제8식이 이 아뢰야식이다. 이 아뢰야식을 철학적 입장에서 분석한 글이 신라의 고승 원효(元曉)의 『대승기신론(大乘起信論)』이다. 우주의 인식론적 측면에서는 유학(儒學)의 성리학에는 이기론(理氣論)이 있는데 이 역시 공에서 출발함이 불학과 유사하다. 그리고 중국 현대 신유학의 거장인 웅십력은 그의 저서 『체용론』(1958)에서 체용불이(體用不二) 주창했는데 이는 물질과 그물질을 운용하는 우주의 작용은 본래 하나라고 주장하며 더 나아가 그의 흡벽성변론(翕闢成變論)에서는 우주의 생성 원리와 변화의 메커니즘까지 형이상학적으로 밝혔다.

또한 현대 양자 물리학(quantum physics)에서는 양자 역학을 넘어 끈 이론이 대세다. 끈 이론에 의하면 초미립자의 세계는 원자구조에서 중간자를 넘어 더 쪼개면 끈과 같은 것이 존재하게 되는데 이것이 진동하면 물질의 세계이고 멈추면 무의 세계가 된다는 이론이다. 즉 유, 무가 한 몸이라는 얘기이다. 더욱 놀라운 것은 끈 이론에서는 현재의 세계가 9차원의 세계라고 주장한다는 사실이다. 위의 사실로 볼 때 제3우주론의 논리적 근거는 이미 산재해 있다고 생각해야 한다. 하지만 이러한 인간중심의 우주관을 주장하고 확산에 헌신하는 것도 학자의 의무이자 도리(道理)라 사료된다. 특히 철학자로서 존재의 근원은 인식의 세계이다. 인식이 없다면 유, 무가 있을 수 있겠는가? 그런데 인식은 어디서 오는가? 몸으로부터 다시 말해 생명으로부터 출발한다. 이것이 진정 형이상학이 아니겠는가? 예를 들면 무아지경이라 함은 황홀경을 뜻하는 것이 아니라, 관점이 없다는 뜻이라 본다. 대 우주에는 관점이 없다. 이 역시 인식(가지계;可知界)의 세계에서 출발한다. 우주의 정수(精髓)는 생명이다. 이와 같은 논리의 근거로 저자의 제3우주론에는 공감하지만 이는 어디까지나 인식, 즉 관념의 세계로 이를 증명할 수 없다. 하지만 실망할 필요도 없다. 아인슈타인의 논거도 당시에는 사고실험에 불과했지만 시간이 흘러 후배 과학자들의 노력으로 실제로 증명되었다. 신의 관점인 창조적 우주, 객관적 실증 관점인 과학적 우주, 지금까지의 우주는 인간이 배제된 우주였다. 이제 인간의 감성과 인식이 중심인 제3우주론에 갈채를 보낸다.

『제3우주론』 서평문

어준영

1. 개요

저자의 『제3우주론』은 믿음에서 시작하는 기존의 우주론이 가지고 있던 한계를 비판하고 새로운 우주론을 제안한다. 신에 대한 믿음에서 시작된 창조적 우주론과 인간 이성에 대한 믿음에서 시작된 과학적 우주론은 역사적으로 인류 우주론에 있어서 주류를 차지하고 있었다. 그러나 그것 각각의 고유한 시작점인 신과 이성이 얼마나 믿을 만한지에 대해서는 충분한 성찰이 이뤄지지 않았다. 특히 신에 의존하지 않고 인간 스스로 우주를 설명할 수 있게 해준 과학적 우주론은 그것을 가능하게 하는 인간의 이성을 맹신하고 있다.

제3의 우주론은 많은 사람들이 당연할 것이라고 신뢰하던 학문의 기반인 감각과 이성을 비판해 그 한계를 밝히고 앎이 무엇인지 탐구한다. 그리고 그것을 바탕으로 제3우주론의 윤리학을 전개한다. 제3우주론은 우리가 인식하는 것은 우리의 뇌가 감각 기관이 준 신호를 토대로 만들어 내는 것이기 때문에 대상이 먼저 있어서 우리가 인식하는 것이 아니라 우리가 먼저 인식해서 대상이 있다는 관점을 말하며, 감각과 이성이 우리에게 확실한 앎을 가져다주지 못한다고 본다. 그래서 앎이라는 것은 대상의 본질을 진리로써 파악하는 것이 아니라 기껏해야 추측에 불과하다. 제3우주론이 말하고자 하는 것은 언제나 있는 앎의 오류가능성을 깨닫고, 끝없이 의심하여 그나마 나은 앎을 찾아내서 우리의 삶을 전보다 행복하게 하려고 하는 앎의 태도를 지녀야 한다는 것이다. 따라서 효용성을 기준으로 모든 앎은 전 인류에 의해서 합의돼야 한다고 한다.

그러나 제3우주론은 앎에 관해 일종의 회의주의를 표방하면서도 합의에 필요한 요소에 관해 의심이 충분하지 않았다. 합의를 이루려면 합의의 목표와 합의할 상대방이 있어야 하는데, 모든 것을 의심해 버리는 제3우주론은 근본적인 문제에 관해 부족한 의심을 가지고서 합의서 예시를 제시했다. 이 글에서는 제3우주론이 말하는 합의에 필요한 의문들이 무엇이고 왜 그것들을 고려해 봐야 하는지 밝힐 것이다.

2. 합의에 필요한 것

제3우주론은 삶에 효용성을 위해서 인류라는 사회 구성원 모두가 앎을 합의해야 한다고 주장한다. 그리고 여러 다양한 분야에 관해서 어떤 것이 어떻게 합의되어야 하는지 예시를 제안한다. 여기에는 한 가지 전제가 숨겨져 있다. 그것은 우리 삶의 목표가 행복을 추구하는 것이고, 그것을 이루는 방법이 인간이 지닌 욕구를 충분히 충족시키고 쾌락을 늘리며 고통을 줄여야 한다는 것이다. 여기서 효용성은 이러한 목표에 도움이 되는 성질이다. 제3우주론은 인간이 모든 것의 존재성과 유용성에 합의하고 결정해야 한다고 하며, 인간의 문명조차도 인간의 욕구 충족을 위한 적정한 도구가 아니면 멈춰야 한다고 말한다. 또한 제3우주론이 제시한 인류 합의서를 보면 그 합의 내용이 욕구 충족과 고통 감소에 초점이 맞춰져 있다는 것을 보면 이를 알 수 있다.

이 전제는 상식적이고 합당하며 틀린 말은 아니다. 그런데 문제는 인간이 가질 수 있는 모든 앎은 진리가 아니라 허구에 불과하기에 몇 번이고 의심해야 한다고 말하면서 아무런 설명 없이 이러한 목표를 당연하다는 듯이 전제하고 있다. 과연 이 전제를 그 어떤 의심도 없이 받아들일 수 있을까?

합의가 있으려면 거기에 목표가 있어야 하고, 그 목표를 추구하려면 그 목표를 추구할 만한 근거가 있어야 한다. 제3우주론에 따르면 인간의 앎이라는 건 아무것도 아니다. 인간이 인식하는 모든 것은 그 사람이 스스로 재구성한 것이며, 언어와 수학 같은 도구들은 필요에 의해 만들어진 것뿐인 현실에 직접적으로 대응하지 못하는 도구라는 한계를 벗어날 수 없다. 그렇기 때문에 어떠한 앎이라고 하더라도 그 앎은 항상 오류 가능성을 지니고 있다고 봐야 한다. 그래서 행복을 추구한다는 합의의 목표는 너무나도 당연한 것이지만, 제3우주론의 세계에서는 다른 것과 마찬가지로 완전히 확신할 수 없는 것이다.

따라서 성공적으로 합의를 이루려면 그 합의의 목표에 관해서 다음과 같은 의문에 대해 생각해야 할 것이다.

1) 행복이란 무엇인가?

행복이라는 것은 어떻게 보면 삶의 궁극적 목적이라고 할 수 있다. 행복은 삶에 만족하는 것이라고 볼 수 있고, 자신의 삶에 만족하는 것은 자신이 원하는 삶이며, 적어도 자신이 싫어하지 않는 삶을 사는 것이기 때문이다. 대부분의 사람들이 살아가는 목적을 행복이라고 가정하지만, 행복이라는 개념이 너무 막연한 탓인지 정작 그 행복이 도대체 무엇인지 잘 설명할 수 있는 사람은 그리 많지 않은 것 같다. 어떤 특정한 상황이나 상태에 있는 것을 행복하다고 말하는 것은 그나마 쉽지만, 구체적으로 행복이 무엇인지 정의하는 건 어렵다. 행복을 정의하기 어려운 이유는 행복하다고 느끼는 것은 주관의 영역이기 때문이다. 행복을 정의하기도 어려운데, 행복의 정의는 사람마다 의견이 천차만별이다. 누군가는 쾌락을 늘리고 고통을 줄이는 것이 행복이라고 하고, 누군가는 욕구를 충분히 만족시키는 것이 행복이라고 하고, 누군가는 인간으로서 탁월한 상태에 있는 것을 행복이라고 하고, 누군가는 사랑하며 살아가는 것이 행복이라고 한다. 이렇게 똑같이 행복이라는 단어를 쓰지만 서로 추구하는 것은 전혀 다르다. 더군다나 행복의 정의도 사람마다 다른데, 같은 행복의 정의를 내린다고 하더라도 그것을 달성하는 방법 또한 사람마다 다르다. 서로 삶의 궁극적인 목적이 다른데 인류 전체가 적절한 합의를 내는 게 가능할까? 모든 인류가 어떤 다른 사항에 대해서 합의하기 전에 먼저 그 합의의 목적이 되는 행복에 관해서 합의할 수 있어야 한다.

2) 타인은 있는가?

제3우주론의 세계에서는 우주는 인간의 창조물이다. 인간 외부 세계에서 인간 인식에 대응하는 실재 유무에 상관없이 인간이 인식하는 것은 인간 스스로가 창조해 낸 것이다. 그렇다면 자신을 제외한 인간인 타인도 나의 창조물이며 그들이 정말로 실재하는지, 나와 인간으로서의 특성을 공유하는지 확신할 수 없다. 합의는 동의를 끌어낼 사람이 있어야 의미 있는 것이다. 나와 같이 합의할 사람이 있는지가 불확실하다면, 합의는 다른 의미를 가질 수도 있을 것이다. 만약 나를 제외한 모든 사람이 정말로 상상에 불과하다면, 합의는 인류 전체를 위한다는 공동선의 의미보다는 세상과 타협하여 나에게 유리한 규칙을 짠다는 의미를 가질 것이다. 또한 타인이 있다고 하더라도 그 사람들이 동족으로서 나와 같은 특성이나 성향을 지녔는지 생각해 볼 수 있다. 아무것도 확신할 수 없다면 그들이 겉모습만 인간이고 내면은 다를 가능성도 있다. 욕구를 추구하고 고통을 피한다는 기본적인 특성마저 그들에게는 없을 수도 있다. 그러면 내가 맞는다고 생각한 합의의 기준을 다른 사람에게도 적용할 수 있는지에 관한 문제가 생긴다. 서로 통하는 것이 없으면 합의의 과정이 영원히 끝나지 않거나 합의할 때 생각을 다르게 해야 할 수도 있다. 즉 합의에 참여하는 상대방이 어떤지에 따라서 합의의 방향성이 결정된다. 그러므로 합의하기 전에 먼저 합의에 같이 참여하는 타인을 어떻게 받아들일지 고민해야 한다.

그러므로 합의를 잘하기 위해서는 합의의 목표와 합의할 주체들에 대한 취급을 고려해야 한다. 그런데 아무래도 제3우주론은 이런 의문들에 대해서 자세한 분석 없이 바로 현실적 문제에 대해서 어떻게 합의해야 하는지에 관한 내용으로 넘어간 듯하다. 그렇게 되면 감각과 이성을 맹신해서 과학적 성과가 유일한 진리라고 생각하는 것과 다를 바가 없어진다. 제대로 합의가 성사될 수 있으려면 우리가 설정해야 하는 목표가 무엇이고 그것을 모두에게 적용할 수 있을지에 관한 성찰할 필요가 있다.

『제3우주론』 서평문

장우성

인간은 넓은 세계를 누리는 동시에 한낱 작은 존재라는 것을 깨닫는다. 자유로운 것 같으면서도 선택해야만 하는 상황에 놓인 것 같은 답답함을 느낀다. 오래전 인간은 흘러가는 세계를 관찰하며 신비로움을 느꼈고, 그 결과 신이 세상을 창조했다고 믿었다. 근대에 들어 인간의 이성으로 자연을 합리적으로 설명할 수 있게 되었고, 그렇게 과학적 우주론이라는 인간 이성 최대의 성과를 낳았다. 그런데 저자는 여전히 인간은 불안하다고 말한다. 수천 년간 지식을 축적했지만 세계란 무엇인지 내가 누구인지 답하지 못한다고 말한다. 저자는 이러한 원인으로 기존의 우주관이 믿음에 근거하기 때문이라는 도발적인 주장을 펼친다. 창조적 우주론은 보지도 느끼지도 못하는 신에 대한 믿음에서, 과학적 우주론은 무오류라는 착각에 휩싸인 인간의 이성으로부터 탄생했다고 지적한다.

저자는 '제3우주론'을 대안으로 제시한다. "제3우주론은 믿음으로 무엇인가를 만들어 내는 것을 반대한다." 창조적 우주론을 극복한 과학적 우주론처럼, 제3우주론 역시 과학적 우주론을 넘어서야 한다. 과학적 우주관에 대한 재검토는 인간의 이성에 대한 재검토와 같다.

저자는 이성의 한계로 네 가지를 제시하며 이것을 '이성의 감옥'이라 표현한다. 첫째, 인간의 감각 기관은 주어진 정보를 받아들이는 곳이 아니라 정보를 만드는 기관이다(감각 기관의 감옥). 둘째, 뇌는 아는 것을 처리하는 것이 아니라 뇌의 처리 결과를 안다고 표현한다(뇌의 감옥). 셋째, 인간이 언어를 통해 사유하는데 이는 반드시 순환적 설명을 동반하기 때문에 언어를 통해 아는 것은 모두 순환적이다(언어의 지옥). 넷째, 원자라는 무생물로 이루어진 뇌세포 덩어리의 활동이 이성적 주체라고 불릴 수 있을까?(주체의 감옥) 결국 우리가 이성이라 믿어왔던 것이 아무 것도 아닌 게 된다. '제3우주론'은 인간 이성에 대한 재검토에서 출발하여 인식론, 생명론, 문명론, 종교, 윤리학의 문제가 논의되는 것은 과학적 우주관이 만들어 낸 모든 것을 뛰어넘는 새로운 우주론을 위한 당연한 지적 여정이라 할 수 있다.

그렇다면 이성을 통해 생각한다는 것은 무엇일까? 저자는 생각을 개미가 목적을 갖지 않고 집을 짓는 일, 생명체들이 자손을 퍼트리고 후손을 보호하려는 일, 편안한 침대에서 맛있는 포도주를 먹는 모습을 제시하며 "생각한다는 것은 생각하지 않고도 이룰 수 있는 여러 가지 다양한 생존 기능들 중 하나로 보여진다."고 말한다. 또한 "생각하는 것을 생각해서 답을 내야 하기 때문에 생각의 답을 내는 것은 어떤 정보나 지식이 될 수 없다." 생각한다는 것을 말하는 것 또한 언어의 감옥에 갇혀 있기 때문이다.

이성도 별 게 아니고 생각하는 것도 별 게 아니라면 대체 인간은 어떤 존재인가? 20세기 들어 급격히 발달한 생물학은 놀랍게도 생명이 무엇인지 정의하지 못했다. 원자에서 시작하여 기관이 모여 개체가 되는 생명체는 '어느 순간부터' 생명체인가? 생명의 발생을 가장 잘 설명해주는 학문이라 여겨지는 진화론은 생명뿐만 아니라 다른 모든 것에도 적용된다. 진화론은 "있을 만해서 있는 것이라는 다소 생뚱맞은 이야기" 밖에 할 수 없다.

이렇게 애매한 상태로 지난 수천 년간 엄청난 지식이 축적되면서 문명이 발달했다. 저자는 문명을 "고통을 줄이고 욕망의 충족을 늘리는 것"으로 인류의 발전을 요약한다. 문명이란 욕망의 충족을 늘리고자 노력한 결과물에 불과하다. 수많은 지식은 인간의 지적 욕망을 충족하기 위해 발전했지만 인간이 무엇이고 세계가 무엇인지라는 근본적인 물음에 답하지 못하고 있다. 근본적인 욕구인 나와 세계에 대한 답을 주지 못한다는 점에서 오늘까지 발달한 문명은 사실상 실패했다고 저자는 평가한다. 물질을 탐구하는 물리학자는 물질이 무엇인지 모르며, 생물학자는 생명이 무엇인지 모른다. 화학자는 원자와 분자를 탐구하지만 그것의 실재성을 입증하지 못했으며, 언어학자들 또한 언어를 정의하지 못하고 있다. 문명의 효용성에 대해 다시 생각해 봐야 할 이유이다. 또한 우리에게 "많이 아는 것이 중요한 것이 아니며 안다는 것이 사실 중요하지 않다는 것을 이해하는 것"이 중요하다.

제3우주론의 인식론과 생명론에 따르면 인간의 이성, 이성적 지식, 지식으로 이룬 현대문명에 대한 평가가 박할 수밖에 없다. 수천 년간 인간은 이성에 대한 과도한 믿음 때문에 함부로 '지식'이라 말하고 '알고 있다'선언했다. 저자가 제시한 이성의 한계와 현대 학문의 설명되지 않는 전제는 인간이 '지식'이라 말하고 '알고 있다고' 선언해 온 것에 대한 통렬한 비판이자 자기반성이다.

이어서 저자는 종교와 윤리를 논하며 과학적 우주론을 넘어 제3의 우주에서 필요한 윤리를 탐구한다. 과학적 우주론이 분명 신에 대한 믿음에서 비롯된 창조적 우주론을 격파했음에도 오늘날 종교는 건재하다. 그러나 저자에 따르면 제3우주론에서 종교는 사라져야 한다. 기독교는 여러 번 교리를 바꾸며 상황에 맞게 탈바꿈해 왔다. 일치된 논리는 없으며 따라서 정통도 사이비도 없다. 이익에 따라 이단을 선고해 오던 "종교는 그 자체가 거짓이고 사이비"다.

지금까지의 저자의 논의를 통해서 이성에 대한 한계를 인식하고 오늘날까지 건재했던 종교를 폐기할 수 있었다. 남은 논의는 "새로운 우주론을 배경으로 인간은 어떻게 살 것인가" 하는 문제가 남았다. "이제 우주가 더 이상 신비로운 것이 아니고, 인간이 특별한 것도 아니고 생명도 특별한 것이 아니며 신도 인간이 만든 허상이라는 점을 시작으로 새로운 도모를 할 수 있다." 이 '새로운 도모'로 저자는 '합의'를 제시한다. 또한 인류의 합의서 예시를 보여줌으로써 미래가 어때야 하는지 그 청사진을 보여준다. 합의의 대상이 되는 사례는 우주, 생명, 정의(Definition), 국가, 민족, 신, 아름다움, 분배, 죄, 정의(Justice), 죽음, 의료, 학문과 교육, 법원이다. 인간의 근본적 궁금증(우주, 생명, 정의(Definition), 신, 아름다움, 죽음, 학문과 교육)에서 출발하여 질서유지를 위한 대비책(국가, 민족, 분배, 죄, 정의(Justice), 의료, 법원)을 제시했다.

'제3우주론'에서 가장 논란이 될 주제가 바로 합의일 것이다. 지금까지의 제3우주론의 논의에 따르면 인간의 이성은 여러 한계를 가지고 있고 언어라는 의사소통의 수단 역시 제한적이다. 그렇게 인간에게 지식은 사실 별 게 아니었으며 '안다'고 말하는 것 또한 상당한 월권인 것처럼 느껴진다. 제3의 우주에서 이러한 인간들이 합의를 이루어야 한다. 그런데 이러한 합의가 최선을 향해서 결정된다는 근거는 없다. 오히려 사유하지 않는 시민들의 민주주의가 중우정치에 빠지게 되는 것처럼 잘못된 합의에 이르게 될 가능성이 더욱 크다.

게다가 제3우주론에 따르면 인간은 '안다'고 말할 수 없으며, '안다는 게 별 게 아니라는 것'을 인정해야 한다. 합의를 통한 결론의 가치를 어떻게 보증할지에 관한 문제가 발생한다. 라틴어 publica는 매춘부와 국가라는 두 가지 뜻을 가진다. 상반되는 두 의미를 가지는 것에서 추론할 수 있듯이 모두의 것은 모두의 것이 아니게 된다. 합의 역시 마찬가지로 모두가 이룬 합의는 어느 누구도 책임지지 않는 구조를 낳을 수밖에 없다. 저자가 사회과학을 인용하며 인간은 더 많은 욕구를 충족해왔다고 논증하는데, 역시 다른 사회과학 연구에 따르면 인간의 군중심리 또한 무시할 수 없다. 합의 과정에서 어떤 군중심리가 발동하여 왜곡될지 알 수 없다.

물론 저자는 인류가 "기존의 문명이 인간의 욕망 충족이라는 목적을 효율적으로 달성하지 못했음을 반성"해야 하므로 "새로운 문명을 시도할 필요가 있다"고 주장한다. 그런데 인간의 욕망이 충족되지 못해서 계속해서 잘못된 방향으로 발전해온 문명을 또다시 욕망 충족이라는 같은 목표를 달성하기 위한 새로운 방법을 모색해야 할까? 욕망 충족이란 목표가 변하지 않으면 욕망을 위한 효용성 추구라는 경향이 이어질 것이다. 인간이 무엇이고 세계가 무엇인지에 대한 근본적인 물음에 대한 답은 오래 걸리고 어렵다. 역설적으로 간단한 질문에 답하는 비효율적 지식과 문명만 더욱 발달하게 될 것이다.

인간의 욕망 충족이 아니라 다른 데에서 이유를 찾으면 합의라는 방법을 정당화할 수 있다. 이전 우주론에서 논의된 욕망은 인간이란 무엇이고 세계란 무엇인지에 대한 지적 욕망이었다. 지적 욕망은 단순화되어 물질적 욕망으로 변질하여 오히려 문명의 효용성이 떨어지는 결과를 낳았다. 인간의 지적 욕망이 아니라 사회와 타인으로부터 인정받을 욕망을 충족시켜주는 방향으로 가야 비로소 합의라는 방법이 가치 있다. 혼자 살 수 없는 인간이 외롭지 않도록 하여 불안을 제거하여 심적 여유를 증대해야 한다. 수학 성적이 낮은 아이를 무조건 타박하여 사교육으로 내몰 것이 아니라 그림 실력을 찾아줌으로써 인정욕구를 충족시켜야 한다. 사회와 타인으로부터의 인정으로 안정을 얻은 인류는 물질적 욕망에서 벗어나 더욱 순수한 지적 열망을 가질 수 있게 될 것이다. 인정 욕망은 합의를 통해 충족될 수 있다. 합의의 본질이 상호인정과 존중이기 때문이다.

이러한 필자의 비판에도 여전히 제3우주론이 보여준 인간 이성의 한계와 인식론적 대안, 그리고 현대문명에 대한 비판은 유효하다. 저자가 제시한 합의 방법론은 현대문명을 극복하기 위한 하나의 대안으로서 충분한 가치가 있다. 제3우주론이 성립하기 위해 필요한 것은 개개인이 자신의 한계를 깨닫고 제3우주론에 '합의'하는 것이 아닐까?

『제3우주론』 서평문:
제3우주론의 비판점과 의의는 무엇인가

이은상

내용 소개 및 서평 개요

『제3우주론』은 창조적 우주론의 허구성과 과학적 우주론의 한계를 지적하고, 그 대안으로서 제3우주론을 제시한다. 창조적 우주론이 허구적인 이유는 창조적 우주론 전체를 지탱하는 신이라는 존재가 허구이기 때문이다. 따라서 창조적 우주론을 아무리 많은 사람이 믿더라도, 허구적인 존재를 실재로 착각하고 있다는 점에서 창조적 우주론은 진지한 논의의 대상이 아니다. 과학적 우주론의 한계는 인간 인식 능력과 사고 능력의 한계에 기인한다. 인간에겐 믿음과 실재의 일치를 확인할 인식 능력이 없고, 언어적 한계를 벗어난 사고 능력이 없다. 따라서 불완전한 인식 능력과 사고 능력에 기반을 둔 과학적 우주론도 불완전하다. 제3우주론에서는 인간의 인식 능력과 사고 능력의 한계를 인정하고, 모든 것의 존재성과 유용성을 합의로 결정한다. 책의 후반부는 그러한 합의의 내용에 대한 나름의 제안이 담겨 있다.

이 서평에서는 크게 네 가지 측면에서 『제3우주론』의 내용을 비판적으로 논하려 한다. 첫째는 '제3우주론은 우주론인가?'이고, 둘째는 '안다는 것은 아무것도 아닌가?'이고, 셋째는 '모든 것이 허구인가?'이고, 넷째는 '인류 합의 위원회가 현존 문명의 바람직한 대안을 제공하는가?'이다. 각각의 내용을 차례로 논한 후, 『제3우주론』에 어떤 의의가 있을지 생각해 보겠다.

제3우주론은 우주론인가?

제3우주론이 우주론이려면, "우주의 생성과 진화 및 그 운명에 관한 문제"를 다뤄야 한다. 하지만 제3우주론은 그러한 문제에 대한 어떠한 내용도 말해주지 않는다. 제3우주론이 주장하는 바는 일목요연하다. 인간의 모든 믿음이 실재와 불일치할 수 있기에, 우리는 모든 것의 존재성과 유용성을 합의로 정해야 한다는 것이다. 제3우주론적 입장에 따른다면, 우주의 생성과 진화 및 그 운명이 어떠한지는 다른 모든 것과 마찬가지로 합의의 대상이다. 합의하기 전에는, 제3우주론에는 우주론으로 부를 만한 어떠한 내용도 없다. 그러므로 이른바 '제3우주론'은 우주론을 가능하게 하는 토대가 될 수는 있지만, 그 자체가 우주론은 아니다.

또한, 제3우주론이 주장하는 내용은 과학적 우주론에 포섭될 수 있다. 과학적 우주론 내에는 여러 실재론에 대한 주장이 있으며, 제3우주론은 그중에서도 도구주의의 입장과 유사하다. 『제3우주론』에서는 모든 과학적 우주론이 믿음과 실재의 일치를 확신하는 것처럼 말하지만, 과학철학 내에는 믿음과 실재의 일치를 회의적으로 보는 입장이 분명히 존재한다. 제3우주론적인 인식론을 과학적 우주론의 한계를 뛰어넘은 인식론으로 보긴 어렵다. 과학적 우주론의 체계 안에 포섭될 수 있는 일종의 반실재론적 입장으로 해석할 여지가 충분하다.

안다는 것은 아무것도 아닌가?

『제3우주론』은 안다는 것은 아무것도 아니라고 주장한다. 그것은 어떤 의미에서 그러한가? 안다는 것이 아무것도 아니라는 것은, 우리가 앎이라고 생각하는 모든 것이 결국은 한낱 믿음일 뿐이라는 것이다. 우리는 그 믿음이 실재와 일치한다고 기대하기도 하지만, 우리는 이성의 감옥에 갇힌 존재이므로 결코 믿음과 실재의 일치를 확인할 수 없다. 이것은 형이상학적 차원에서 충분히 받아들일 만한 주장으로 보인다.

그러나 『제3우주론』에서는 형이상학적 차원의 주장이 실용적 차원의 주장으로 확장하여 적용됐다. "AI가 인간이 알고 있는 것보다 훨씬 많은 것을 단시간에 알아낼 수 있지만 아무 일도 일어나지 않을 것이다. 왜냐하면 안다는 것, 그것은 아무것도 아니기 때문이다."라는 주장은 실용적 차원에서 앎이 아무것도 아니라고 말하는 것이다. 그것은 받아들이기 어려운 주장이다. 무언가를 안다는 것은 생존과 삶의 질에 지대한 영향을 줄 수 있다는 점에서 실용적 가치가 있기 때문이다. 예컨대, 우리는 몸에 영양분을 공급하지 않으면 죽는다는 것을 안다. 형이상학적 차원에서, 이러한 앎은 공허한 것일 수 있다. 영양분이라는 개념과 죽음이라는 개념 자체가 허구적이기 때문이다. 그러나 실용적 차원에서 그러한 앎이 없다면, 우리는 매우 낮은 질의 생활을 하게 되거나 오래 버티지 못하고 굶어 죽을 가능성이 높을 것이다.

"아는 것이 별것 아니라는 것, 그것이 가장 큰 깨달음이고 학문의 최고봉"이라는 주장은 아는 것은 아무것도 아니라는 주장과 연관된 또 다른 주장이다. 그러나 '아는 것이 별것 아니라는 것'은 학문의 종착점보다는 학문의 시작에 더 가깝다. 모든 믿음이 실재와 불일치할 수 있다는 것을 인정하면서도, 그러한 한계 내에서 관찰과 사유를 거듭하며 무언가를 쌓아 올리는 것이 학문일 수 있기 때문이다.

모든 것이 허구인가?

"책의 저자들이 묻지 않고 그냥 넘어가는 부분이 있는데 그것이 상당히 중요하고, 그 책의 주장이나 논리의 근거가 되는 핵심 의제들인 경우가 많다." 『제3우주론』 내부에도 제대로 묻지 않은 핵심 의제가 있다. 모든 것이 허구인지에 대한 물음이 그것이다.

저자는 "모든 것이 허구라는 것을 인식"해야 한다고 주장한다. 하지만 모든 것이 허구일 수 있는가? 만물이 그저 뇌가 구성한 결과물이라는 주장은 참일 수 있다. "나는 뇌의 자기 인식"이라는 주장도 역시 참일 수 있다. 하지만 그러한 주장들이 참이라고 해도, 무언가 실재하는 것은 있어야 한다. 허구적 믿음이라는 것이 존재한다면, 허구적 믿음을 만들어 내는 무언가가 존재해야 한다. 그 무언가가 뇌일 수 있을까? 그럴 수도 있을 것이다. 하지만 우리가 두개골 속에 있다고 믿는 이른바 '뇌'가 실재한다는 것이 착각이라고 해도, 그 착각을 행하는 무언가는 존재해야 할 것이다. 우리의 믿음이 실재와 부합하는 것이든 착각에 불과한 것이든, 모든 것이 허구일 수는 없다. 반드시 무언가 실재하는 것이 있다.

"의심하는 것, 그것은 모든 지혜의 출발이다."라는 주장은 일리가 있다. 하지만 의심하는 단계에서 멈추면 학문은 시작되지 않는다. 학문적으로 의미 있는 이론을 세우기 위해서는 철저하게 의심한 끝에 더는 의심할 수 없다고 생각된 무언가를 제시해야 한다. 『제3우주론』에서는 그 무언가가 명확하게 제시되지 않았다.

인류 합의 위원회가 현존 문명의 바람직한 대안을 제공하는가?

『제3우주론』에서는 고통 감소와 욕망 실현을 문명의 기본 목적으로 말한다. 지금의 인류 문명이 고통 감소와 욕망 실현의 측면에서 낮은 효용성을 지니므로, 제3우주론에 입각한 인류 합의 위원회를 만들어 새로운 문명을 건설해야 한다고 주장한다. 하지만 인류 합의 위원회로 구축한 문명을 현존 문명의 바람직한 대안으로 타당하게 말할 수 있는가?

인류 합의 위원회로 구축한 문명을 현존 문명의 바람직한 대안으로 타당하게 주장하려면, 입류 합의 위원회로 구축한 문명이 지금의 문명보다 고통 감소와 욕망 실현 차원에서 더 높은 효율성을 보여야 한다. 그러나 문명과 고통 그리고 욕망이란 무엇인가? 제3우주론적 인식론에 따르면, 그것들은 전부 허구적인 것이다. 그것들이 무엇인지는 오직 합의를 통해서만 타당하게 말해질 수 있다. 어떻게 합의하는지에 따라 기존 문명이 제3우주론적 문명보다 바람직한 것으로 드러날 수도 있을 것이다. 그러한 합의가 불가능하다고 타당하게 주장할 어떠한 근거도 없을 것이다. 왜냐하면 정당하다고 여겨지는 것을 합의하는 것이 아니라, 오직 합의된 것을 정당한 것으로 인정하는 체계이기에, 사실상 어떠한 합의도 정당하게 가능하기 때문이다.

어떠한 합의도 가능한 체계는 바람직한 문명을 제공하는가? 인류 합의 위원회에서 '모두가 하루에 한 명씩 살인을 저질러야 하며, 이를 행하지 않는 자는 엄벌에 처한다'라는 합의를 이뤘다고 가정해 보자. 우리에겐 그 합의가 바람직하지 않다고 타당하게 주장할 만한 아무런 근거가 없다. 생명은 소중한 것이라고, 무고한 자를 해하는 것은 부당한 일이라고 아무리 주장해도 소용없다. '생명은 소중한 것'이라는 합의와 '무고한 자를 해하는 것은 부당한 일'이라는 합의가 없다면 말이다. 오직 합의만이 모든 정당성의 근거가 되는 문명은 고통 감소와 욕망 실현의 측면에서 보았을 때, 전혀 바람직하지 않은 문명이 될 수 있다.

그러므로 인류 합의 위원회가 현존 문명의 바람직한 대안을 제공한다고 말하기 어렵다.

『제3우주론』의 철학적·사회적 의의

책에서는 제3우주론을 기존에 없던 새로운 통찰인 것처럼 말하지만, 그것은 동의하기 어려운 주장이다. 제3우주론의 핵심을 '믿음과 실재의 일치를 의심하는 것'으로 본다면, 그러한 문제 제기의 기원은 최소한 칸트의 인식론으로 거슬러 올라가기 때문이다. 따라서 『제3우주론』이 철학적으로 유의미하고 새로운 통찰을 제시하고 있다고 말하기는 어려울 듯하다.

하지만 나름의 사회적 의의가 있다고는 타당하게 말할 수 있겠다. 세상에 존재하는 고통과 문제의 근본적인 원인과 해결책을 분명하게 제시하기 때문이다. 허구적인 것을 실재적인 것으로 착각하기 때문에 우리는 불필요한 고통과 문제를 만들어 낸다. 제3우주론적 인식, 즉 믿음과 사실이 다르다는 것을 아는 인식의 태도는 세상의 온갖 문제를 새롭게 볼 수 있는 토대를 제공한다. 그러한 시각 자체를 새로운 것으로 말하긴 어렵겠지만, 적어도 파편적으로 제시되어 있던 통찰을 하나의 체계속에 포섭하려 했다는 점에서 큰 의의가 있다.

물론 제3우주론적 태도가 모든 문제에 대한 완벽한 해결책은 아닐 것이다. 우리는 어쨌든 이성의 감옥 안에서 살아가는 존재이므로, 앎의 허구성을 인지하면서도 그러한 앎 속에서 살아갈 수밖에 없기 때문이다. 하지만 앎의 허구성을 아는 것과 모르는 것은 큰 차이가 있다. 제3 우주론적 인식의 태도가 문제를 해결하진 못하더라도, 적어도 많은 문제의 심각성을 완화하고, 일부 문제를 완전히 해소하는 데 기여할 수 있을 것이다. 그런 의미에서, 『제3우주론』은 믿음과 실재를 구별하는 인식론적 태도를 제안하며 삶과 세상의 여러 문제의 근본적인 해결을 도모하는 사회적 의의를 지닌 책이라 할 수 있으리라.

『제3우주론』 서평문

김도윤

1. 제3우주론을 이해하면 얻을 수 있는 것들

제3우주론은 창조적 우주론과 과학적 우주론의 비판으로부터 비롯된다. 이들은 각각의 우주론이 탄생할 수 있었던 믿음의 토대에서 차이가 존재한다. 창조적 우주론은 신, 과학적 우주론은 이성이다. 인간은 신에 대한 믿음에 얼마든지 의문을 제기하면서도 이성에 대해서는 그러하지 못했다. 제3우주론의 출발점은 바로 그러한 이성에 대한 의심이다.

제3우주론적 인식의 목적은 이성에 대한 무비판적 수용에 대한 고찰이다. 과학적 우주론은 인간의 감각, 이성, 그것으로부터 파생된 지식을 토대로 만들어진 것이다. 감각과 이성으로부터 알아낸 것. 그러나 안다는 것이 정확히 무엇인지를 성찰해 본다면 제3우주론의 탄생은 그 연원에 있어서 충분히 정당성이 존재한다. 안다는 믿음. 그 믿음 역시 신의 믿음을 향한 의심처럼 의심과 검증이 필요한 것이다.

안다는 믿음을 의심한다는 것은 어떻게 정당화될 수 있는가? 믿음의 출처인 감각과 이성이 제공하는 데이터들은 충분히 왜곡될 수 있다. 실체 A가 있을 때, 감각과 이성은 그들 자신을 통해 그대로 A로서 산출해 내지 않는다.

어떤 물체를 보면 우리는 다음과 같이 생각해 볼 수 있다. [물체 → 빛 → 눈 → 신경 → 뇌] 그러나, 취득된 정보는 다음 단계로 넘어가는 전달의 과정에서 온전할 것이라는 신뢰성을 담보하지 못한다. 물체와 관련 없는 빛의 파장을 받아들이는 눈, 눈의 파장과는 전혀 관련 없는 신경의 화학 신호, 그것들과 모두 관계없는 뇌의 단백질 메커니즘. 결국 각각의 단계는 저마다 자신의 방식으로 인식한다. 우리가 혼동하지 않는 이유는 그 방식의 메커니즘이 일정한 패턴을 유지하기 때문이다. 인간이 안다는 것은 이러한 신뢰성을 담보할 수 없는 뇌의 활동의 결과물인 것이다.

2. 이성이란

안다고 하는 것은 인간의 이성의 문제이고 인간 뇌의 활동의 결과물이다. 인간은 필연적으로 이성 활동을 통해 무엇인가를 알 수 있는데, 위의 논의를 통해서도 알 수 있듯이 뇌의 활동은 그 신뢰성을 담보하기 어렵다. 저자는 신뢰성을 담보할 수 없다는 사실을 '이성의 네 가지 감옥'을 통해 구체화한다. 그것은 감각 기관의 감옥, 뇌의 감옥, 언어의 감옥, 주체의 감옥이다.

감각 기관은 외부의 정보를 있는 그대로 받아들이지 않고 자신의 능력과 한계에 따라 정보를 재생산, 재가공하는 곳이다. 이성은 이러한 감각 기관의 감옥 속에 갇혀 있다. 다음으로는 뇌의 감옥이다. 뜨거운 것,

차가운 것, 아름다운 것, 추한 것은 뇌의 처리 과정 후의 결과물이다. 우리는 그 연원이, 뇌가 만들어 낸 결과와 같다고 섣불리 판단할 수 없다. 안다는 것이 먼저 있고 뇌의 처리가 잇따르는 것이 아니라, 뇌의 처리 결과를 안다고 표현하는 것인데 이성은 이러한 선후관계를 혼동하게 하는 뇌의 감옥 속에 갇혀 있기 때문이다. 다음은 언어의 감옥이다. 언어나 이름은 실체를 담보하지 않는다. 그림자는 빛이 없는 부분인데, 빛이 없는 부분을 그림자로 명명하면 우리는 그림자가 있다고 말할 수 있게 된다. 마지막으로 앎의 주체에 대한 의심이다. '나'는 당연히 있지만 그런 '나'가 무엇인지는 명확히 규정할 수 없다. 이것이 주체의 감옥에 해당한다.

3. 다시 바라보기

이성의 네 가지 감옥을 생각하여, 더 근본적으로 제3우주론적 인식을 통하여 저자는 생명, 문명, 종교, 윤리학, 그 외의 사소한 것들에 관해 의문을 제기한다.

생명론. 모든 생명은 무생물인 원자로 구성되어 있다. 무생물인 원자의 집합이 생물이라면, 생물을 무생물과 다른 무엇으로 규정하는 것은 오류라고 볼 수 있다. 생명이라는 것은 인간의 합의의 산물이다. 무생물인 원자의 집합을 어느 정도 크기가 되면 생명이라고 부르는 것이나, 생명을 언어로 정의하고 그것이 본질이나 실체가 있다고 여기는 것은 모두 사람이 만들어 낸 것임을 파악해야 한다.

문명. 문명의 발전을 원하는 까닭은 욕망 충족이며 지적 추구를 원하는 까닭은 세상에 대한 이해를 증대시키기 위함이다. 그러나, 이성의 네 가지 감옥을 고려한다면 지식의 전제 조건들은 그 무엇도 해결된 것이 없다. 가령, 물리학자들은 물질과 운동을 연구하지만 물질이 무엇인지도 알지 못하고 있다. 인간의 앎, 지식이 시대를 거치며 계속 쌓여가면서도 인간이란 존재가 지적 갈증을 느끼는 이유이다. 욕망 충족은 지식의 연구와 축적과 연결되어 있다. 그 외의 모든 것들도 욕망 충족과 연결될 수 있다. 하지만, 욕망과 연결된 것들이 지식처럼 투입 대비 충족의 값이 높지 않다면, 문명의 발전에 대해 다시 고민해야 한다.

종교. 제3우주론에서의 지식은 세 가지 단계가 있다. 그것은 순수 지식과 응용 지식, 믿음 지식이다. 종교적 믿음은 믿음 지식에 해당한다. 믿음 지식은 순수 지식처럼 합의를 통해 이루어지는 것도 아니며 응용 지식처럼 감각과 이성을 통해 이루어지는 것도 아니다. 그저 근거 없는 믿음에만 의지하여 이루어진 것이다. 응용 지식을 의심하면서도 신에 대한 믿음은 의심하지 않는 사람이 존재한다. 종교는 그 뿌리와 과정이 전부 '불분명'한 믿음으로 만들어진 것이다. 저자는 이러한 믿음을 맹목적으로 수용하는 사람을 '믿음의 사람들'로, 그와 정반대의 사람을 '의심하는 사람들'로 지칭한다. 의심하는 사람들은 제3우주론적 인식을 갖추고 있다.

윤리학. 제3우주론적 입장에서는 모든 믿음과 지식이 의심의 대상이 된다. 따라서 모든 것은 새로 합의를 통해 결정되어야 한다. 기존의 윤리학은 '우리', '정의', '가치 있는 것', '자유 의지''죽음과 행복'등에 대해 나름의 답을 제시하고 있다. 제3우주론적 시각에서는 이러한 답들에 대해 새로운 합의가 필요하다고 본다. 정의를 예로 들면, 정의에 대한 나름의 답이 존재하고 그것에 비추어 누구나 정의를 외치지만, 실제로 정의는 보이지도 않고 실행되고 있는지도 의문이다. 정의 이외에도 이미 알고 있는 것 역시 아직 완전한 것이 아니며, 아직 완전한 것이 아닌 것은 많은 고민을 통해 합의에 이르러야 하는 것이다.

사소한 것들. 행복은 수준 있는 사람들의 전유물이 아니다. 수준 있는 사람들은 행복을 위해 충족해야 할 조건들이 많다. 뛰어난 미각을 가진 그들은 어느 정도의 맛있는 음식으로는 충분한 만족에 이르지 못할 것이다. 수많은 조건으로 인해 그들의 행복은 그 기반이나 폭은 수준 없는 사람보다 훨씬 좁을 것이다. 그럼에도 우리는 수준 있는 사람들을 선망한다. 특히 그 선망하는 이유가 그들이 더 큰 행복을 가질 수 있기 때문이라면 수준이 있다는 것에 대해 고민해 볼 필요가 있다. 수준, 그것은 별것 아닐 수 있다.

4. 이성에 관한 추가 고찰

결국, 저자가 쓴 글의 핵심은 믿음, 감각과 이성에 대한 의심이다. 이는 곧 인간에 대한 의심이다. 창조적 우주론과 과학적 우주론이 인간에게 쉽게 수용되고 저자가 제시한 제3우주론이 쉽게 수용되지 못하는 이유를 고민해 본 결과는 다음과 같다. 인간은 목적을 향해 나아가는 존재이자 행동하는 존재이다. 그리고 궁극적으로 살기 위한 존재이다. 이러한 인간의 존재론적 특성에 비추어 보면, 창조적 우주론의 시각과 과학적 우주론의 시각은 인간이 행동하는 것에 있어서 나름의 편리함을 제공한다.

창조적 우주론의 시각이 왜 편리한가? 신의 말씀에 따라 행동하기만 하면 되기 때문이다. 여기서 자신의 행동에 대하여 반성적 성찰과 의심을 하는 것은 일종의 '월권적인 행위'이다. 불완전하고 유한한 존재인 인간이 완전하고 무한한 존재인 신을 의심하는 것은 어불성설이기 때문이다.

과학적 우주론의 시각이 왜 편리한가? 과학은 자신이 계산할 수 없는 것들은 과감히 생략한다. 과학의 체계는 닫힌 체계로서 모든 결과가 원인에 귀속되는 다분히 연역적인 체계이다. 결과가 원인에 귀속된다는 것의 이점은 무엇인가? 그렇게 된다면 인간은 과거를 통해서 현재를 해석할 수 있게 되고 현재를 통해 미래를 예견하는 것이 가능해진다. 과학의 역할은 예견이다. 예견은 행동하기 위함이다. 어찌 되었든 인간은 살기 위해 행동해야 한다. 그러한 인간의 여정에 과학은 분명 편리한 이점이 된다.

제3우주론적 시각은 위의 두 관점에 비하면 편리하다고 볼 수 없다. 끊임없이 의심하는 것은 살기 위해 행동해야 하는 인간에게 있어서 어지간한 골칫거리가 아닐 수 없다. 그럼에도 의심해야 하는 이유는 무엇일까?

이성에 관한 고찰을 통해, 저자가 제시한 이성의 감옥에 한 가지를 추가하고자 한다. 그것은 '공간의 감옥'이다. 이성은 시간을 공간화한다. 인간은 고정되고 멈춘 것에서부터 편리하게 행동할 수 있다. 움직이는 물체를 잡는 것이 쉬울지, 고정된 물체를 잡는 것이 쉬울지는 깊이 고민하지 않아도 알 수 있다. 저자가 제시한 언어의 감옥 역시 이것으로 설명할 수 있다. 언어는 뜻이 정의되어 있다. 정의는 시작과 끝을 정하는 것이다. 시작과 끝은 명확한 구별이 필요하고 구별은 공간을 필수적으로 요구한다. 무한하게 변화할 실체로서의 생명을 '생명'이라는 단어로 정의하고 고정함으로써, 우리는 비로소 생명에 대해서 논할 수 있게 된다. 생명이라는 단어가 정의되어 있지 않으면 우리는 생명에 관해서 어떠한 행동도 할 수 없다.

시간을 공간화하여 고정하는 이성의 특징은 특히 과학과 긴밀하게 연결된다. 어떤 것이 공간화되어 고정되어 있지 않고 지속하는 시간 속에서 무한히 변화한다면 과학은 아무것도 알 수 없다. 알 수 없기에 예견할 수 없고, 예견할 수 없기에 행동할 수 없다. 팔을 드는 운동을 생각해 보자. 그것은 단숨에 일어난다. 그러나, 과학은 그 운동을, 시간 t1, t2, t3에 해당하는 '위치'로 표현한다. 그 시간의 간격 속에 존재했던 이행에는 관심이 없다. 그러나, 지속과 이행은 인간의 본질이라고 보아도 무방하다. 인간은 지금도 끊임없이 변화하며 한순간도 멈춘 적이 없다.

불확실한 믿음으로도 충분히 편안한 삶을 영위할 수 있다. 인류의 과거에서도 그러한 사례는 충분히 파악된다. 고대 삼국시대에서는 나라에 중대한 문제가 발생하였을 때 그 문제를 해결하기 위한 수단으로 노래를 부르고 춤을 추었다. 이러한 행위를 흔히 '주술적'이라고도 표현한다. 우리는 원시 종교적으로 문제를 대하는 과거의 선인들을 보고 다소 미개하다고 생각하기도 한다. 그렇다면 지금 우리는 과연 덜 미개한가? 신에 대한 믿음, 감각, 이성에 대한 맹목적 믿음으로 문제를 해결하는 것은 절대적이고 완전한 것인가? 미개하다는 것은 한 끗 차이이다. 선인들의 주술적인 행동들과는 그 결이 전혀 달라 보이는 이성을 향해서, 제3우주론적 인식은 중요한 함의를 제공할 것이다.

『제3우주론』 서평문

최범

　사람이 많은 거리를 걷다 보면 선동적인 언사가 담긴 팻말 또는 현수막을 쉽게 볼 수 있다. '예수천국 불신지옥'이라고 적힌 것은 종교 단체의 것이고, '자유 대한민국을 공산주의로부터 반드시 지켜내자'고 적힌 것은 정당의 것인 경우가 많다. 이 팻말이나 현수막의 주장은 꽤 오랜 시간 동안 인류를 지배해 온 근본주의(Fundamentalism)에 입각해 있다. 근본주의는 주로 종교의 영역에서 나타나는 사상적 입장이다. 근본주의자들은 자신들이 가진 종교 교리의 절대적 진리성을 수호하는 데에 혈안이 되어 있는데, 이것은 그들에게 있어서 종교 교리가 세계의 근본 가르침이기 때문이다. 예를 들어 이슬람 근본주의자들은 세상을 창조한 유일신 알라가 무함마드에게 계시를 내려 이슬람 경전인 코란이 완성되었다고 믿는다. 코란의 가르침은 절대적이고, 따라서 코란의 내용을 참고하여 만든 율법인 샤리아 역시 반드시 지켜져야 한다. 그리고 이 샤리아는 성차별과 종교의 자유 침해와 같은 내용들을 포함하고 있다. 이슬람 근본주의자들이 주도권을 잡은 국가에서 다른 문화권의 사람들이 다소 이해하기 어려운 '명예 살인'과 같은 인권 침해적 사건들이 발생하는 까닭이다.

정치의 영역에도 근본주의자는 도사리고 있는데, 이 중에서 국가주의자(Statism)가 가장 대표적이다. 우크라이나 침공을 감행한 블라디미르 푸틴의 사상적 스승인 알렉산드르 두긴은 오직 공동체만이 개인의 삶에 의미를 부여한다고 믿는다. 2023년 기준 러시아의 침공은 우크라이나에도 막대한 피해를 주고 있지만, 자국에도 엄청난 수의 전사자를 내고 있다. '나라의 융성이 나의 발전과 직결된다.', '애국 애족이 우리의 살길이다.'고 적혀 있는 박정희 정부 시기의 '국민교육헌장'에서도 국가주의의 흔적을 찾아볼 수 있다. 물론 국가 등 공동체의 번영은 개인의 행복과도 무관하지 않다. 다만 극단적인 국가주의자들의 문제는 국가를 절대시하여 개인의 지나친 희생을 강요하고 이를 쉽게 정당화한다는 것이다.

제3우주론은 이러한 근본주의자들의 관점을 타파할 힘을 갖고 있다. 만약 제3우주론이 타당하다면, 우주는 '인간의 불완전한 감각과 불완전한 이성이 만들어 낸 산물'이다. 우리는 유용성에 기반하여 철저하게 실재성을 신뢰하고 있지만, 양자 역학과 실재성에 관한 철학적 논의는 사물이 실재의 결과가 아니라 관찰자의 감각과 사유의 결과라는 결론에 힘을 실어준다. 이에 더하여 이성을 가두고 있는 '네 가지 감옥'(감각 기관의 감옥, 뇌의 감옥, 언어의 감옥, 주체의 감옥)의 존재는 안다는 것, 생각한다는 것이 우리의 통념만큼 위대하지 않고, 오히려 각종 한계를 내포하고 있음을 시사한다. 절대적인 지식이란 없다. 따라서 근본주의자들이 절대화하고자 하는 그 어떤 종교 교리나 정치사상도 절대적인 것이 될 수 없다. 대신 제3우주론이 제시하는 것은 유명한 경구인 '너 자신을 알라'이다. 자신이 가진 신념이나 지식의 기본 전제에 대해 건전한 의문을 제기하는 것이 바로 애지자(愛知者)의 학문인 철학과 제3우주론의 역할이다.

한 가지 걸리는 것은 '절대적인 것'에 대한 의존성이 인간의 본성에서 나온 것일지도 모른다는 것이다. 세 명의 심리학자 셸던 솔로몬, 제프 그린버그, 톰 피진스키가 공동으로 저술한 〈슬픈 불멸주의자〉에 의하면, 죽음에 대한 공포는 인간 행위 동기에 가장 큰 영향을 미치는 요소이다. 인간은 죽음에 대한 공포로 인해 '내가 죽은 뒤에도 영속할 것만 같은 가치 체계'에 대한 집착의 기저에는 죽음에 대한 공포가 깔려 있다. 그리고 그것이 '문화적 세계관'이다.

국가는 이러한 믿음의 체계 안에 있는 중요한 허구적 개념 중 하나다. 이를 뒷받침하는 실험 내용은 이러하다 : 매점 앞에서 인터뷰를 나눈 독일인은 자국의 물건을 특별히 선호하지는 않았지만, 묘지 앞에서 인터뷰한 독일인의 경우 자국의 물건을 다른 국가의 물건보다 선호하는 경향을 드러냈다. 또 죽음을 떠올리도록 한 미국 대학생들은 자국의 정책에 대해 우호적인 칼럼을 그렇지 않은 칼럼보다 훨씬 더 선호하는 경향을 보였다. 또한 세 명의 심리학자는 흔히 절대화되는 종교의 포교 활동에 대해서는 이렇게 설명한다 : 종교인의 포교 활동은 '문화적 세계관'을 공유하는 이들의 수를 늘리는 활동이다. 더 많은 사람들이 동일한 종교적 신념을 공유할수록 사람들은 그 신념에 기대어 실존적 공포를 관리하기가 편해진다. 그러나 이러한 신념은 대부분 사실에 기반하고 있지는 않고, 명백히 증명될 수 있는 성질의 것도 아니다. 오직 믿는 사람이 많다는 이유로 신념은 더 강하게 굳어지는 것이다.

국가주의와 종교는 이러한 인간의 심리 기제를 절묘하게 파고든 것일지도 모른다. 물론 이들의 주장이 얼마나 타당한지는 확실하지 않다. 그럼에도 불구하고 현대 사회에서(물론 세계사 전반을 살펴보면 더할 것이다.) 근본주의와 인위적으로 설정된 절대자가 거대한 영향력을 행사하고 있는 것만은 확실해 보인다. 심지어 어떤 사람들은, 그것이 그릇된 것임을 알고 있음에도 불구하고 절대자와 근본주의를 이용하는 것도 같다.

하지만 『제3우주론』에서도 언급한 바 있듯, '근본적인 것에 대한 답을 가지지 못한 인간들이 서로 나만이 옳다고 주장하는 일은 분명히 잘못되었다. 올바르지 못한 정치가와 종교인들은 선동에 열을 올리며 자신만이 옳다고 외친다. 물론 이들이 어떠한 주장도 할 수 없는 것은 아니다. 제3우주론이 도출한 윤리학에서 모든 사람은 만물의 척도가 될 수 있고, 인간이 어떻게 살 것인가에 대한 문제에 대한 합의를 이끌어 내는 과정에서 목소리를 낼 수도 있다. 다만 이 과정에서 자신만이 옳다는 태도를 수정하는 것이 필요하고 또 매우 중요하다. 인식의 한계를 설정하는 것, 인간이 손수 지어낸 찬란해 보이는 문명의 기반인 학문마저도 실은 모래 위에 지은 집과 같음을 밝히는 것 - 그러므로 인간이 도저히 도달할 수 없는 진리 앞에서 모두가 겸손해야만 한다는 것을 가르치는 것이야말로, 철학과 그것을 기반으로 한 새로운 우주론의 기능이기 때문이다.